做最好的领导45谈

甘学荣　于立志　编著

北京出版集团
北京出版社

图书在版编目（CIP）数据

做最好的领导45谈 / 甘学荣，于立志编著 . — 北京：
北京出版社，2025. 6. — ISBN 978-7-200-19377-0

Ⅰ. C933

中国国家版本馆CIP数据核字第2025D5X090号

做最好的领导45谈

ZUO ZUIHAO DE LINGDAO 45 TAN

甘学荣　于立志　编著

*

北 京 出 版 集 团
北 京 出 版 社　出版

（北京北三环中路6号）

邮政编码：100120

网　　　址：www.bph.com.cn

北 京 出 版 集 团 总 发 行
新 华 书 店 经 销
北 京 建 宏 印 刷 有 限 公 司 印 刷

*

787毫米×1092毫米　　16开本　　15.75印张　　186千字
2025年6月第1版　　2025年6月第1次印刷

ISBN 978-7-200-19377-0

定价：49.00元

如有印装质量问题，由本社负责调换

质量监督电话：010-58572393

目　录

第三章　例说勤政务实

第四章　例说敢于担当

第五章　例说提升本领

第六章　例说清正廉洁

第七章　例说优化交往

第一章

例说

理想信念

怀志书写奋飞歌

一个闪烁着光辉的生命，一个真正美好的人生，是从思想启蒙后建立理想和信念开始的。在人生的道路上，每个人都对未来充满着憧憬，都有自己的理想。树立崇高的理想是开启灿烂人生的首要问题。

有了明确的人生奋斗目标，就有了使命感，活得就很充实，生命就有了不同寻常的意义。理想的定义，是最上乘、极精美，是止于至善、日新又新。大凡有一番作为的人，无不具有超人一等的理想。理想是人生各个时期中不可或缺的。马克思在《青年在选择职业时的考虑》一文中写道："历史承认那些为共同目标劳动因而自己变得高尚的人是伟大人物；经验赞美那些为大多数人带来幸福的人是最幸福的人。"青年毛泽东在离家的时候，曾给父亲留下一首小诗："孩儿立志出乡关，学不成名誓不还。埋骨何须桑梓地，人生无处不青山。"当他看了《世界英雄豪杰传》后，就给自己起了"子任"的笔名，决心以救国救民作为自己的崇高理想。

今天，新时代领导干部仍然需要树立和坚定理想信念，"不能因现实复杂而放弃梦想，不能因理想遥远而放弃追求"，要时刻保持内心的一份笃定、一份坚信。"有了理想和信念，石头在水上也能漂流。"此言道出了理想和信念的神奇力量。当代女性楷模、神十九航天员、高级工程师王浩泽深情地说："能将个人价值和祖国的需要相结合，为国出征，我更是幸福的。""我们现在走的是一条人迹罕至的路，但是我爱这条路。如果它荆棘丛生，我们就披荆斩棘。如果它寂寞荒凉，我们就结伴前行。"

"每个人都要有一定的理想，这种理想决定着他的努力和判断的方向。"爱因斯坦如是说。人一旦有理想有目标，就会发现自己的未来，产生一种强烈的激情，为了实现它而发挥更大的心力，必循其理想方针向前迈进，使之配合理想目标，人生的成就至此粲然可观。环境将因你而不同，事业会因你而精彩。

树立理想，对一个人的价值取向和人生追求具有统领和指导作用。一个人如果没有正确的人生目标与远大的理想信念，就难以自立自强、成长成才。中华传统文化历来崇尚志存高远，认为"立志而圣则圣矣，立志而贤则贤矣"。古往今来，那些成功的杰出人物，无不具有远大的志向。明成祖朱棣明确指出了确立志向在成就人生事业中的重要性："人须立志，志立则功就。天下古今之人，未有无志而建功。"曾国藩有言："坚其志，苦其心，劳其力，事无大小，必有所成。"又说："人要是立有志向，也就能做圣人、做英雄。"一个拥有远大志向的人，他还有什么做不到的事情吗？他又何必要借助别人的力量呢？他深信自己如深山中不为人知的巨木，终有一日将成为支撑国家的顶梁柱。

"中山主义非无补，卡尔思潮集大成。从此天涯寻正道，他年另换旧旗旌。"这是朱德同志在1926年写的。在诗中，他还郑重表明了自己的志向与追求："我本江南一蜉生，十年从事亚夫营。身经沧海羞逃世，力挽狂澜岂为名。"无数事例证明，成就有多大，首先在于志向有多高，成就大小与志向大小成正比。

每一个有远大理想的人，都有一座心灵的殿堂，存放着他精神的珍宝。理想是人们在实践中形成的具有实现可能性的对未来的向往和追求，是一个人的政治信仰和世界观、人生观、价值观在奋斗目标上的具体体现，是人的认识、思考、评价、预见、追求、决心、意志、毅力的综合体现。理想是人生的事业与生活的精神支柱。一个有远大理想的人，任凭物换星移、岁月匆匆，对未来的追求从不停息。他会切实体会到：日落以后，总会看到日出；寒冷的冬天过后，必定是美好的春天。

1818年5月5日，马克思诞生在德国特里尔城的一个律师家庭。早在中学时代，17岁的他就树立了为人类幸福而工作的远大志向。马克思在《青年在选择职业时的考虑》中说："如果我们选择了最能为人类而工作的职业，那么，重担就不能把我们压倒，因为这是为大家作出的牺牲；那时我们所享受的就不是可怜的、有限的、自私的乐趣，我们的幸福将属于千百万人，我们的事业将悄然无声地存在下去，但是它会永远发挥作用，而面对我们的骨灰，高尚的人们将洒下热泪。"

理想和信念是共产党人的立身之本，是奋斗的源泉、前进的引擎。马克思主义奠定了共产党人坚定理想信念的理论基础。共产主义远大理想激励了一代又一代共产党人英勇奋斗。1848年，马克思、恩格斯发表了《共产党宣言》，完整、系统、严密地描述了他们所信仰的共产主义理想。正如陶铸同志所说："为什么说实现共产主义是我们最崇高最伟大的理想呢？这不仅是因为共产主义，也只有共产主义能够使人类从私有制的束缚下彻底地解放出来，能够使人过着最快活、最美满、最幸福的生活，能够实现古人所说的'使老有所养，壮有所用，幼有所长，鳏寡孤独废疾者皆有所养'的'大同世界'，而且因为这个理想是完全能够实现的。"共产主义初级阶段——社会主义已在世界上的一些国家进行了实践。特别是在我国，共产主义理想已经深入人心，社会主义现代化建设也取得了举世瞩目的辉煌成就。坚持这一美好理想正是我们的初心使命。

我们党从诞生那天起，"为共产主义真理而献身"就成了共产党人最崇高、最神圣的理想和信念。为什么那么多烈士甘愿抛头颅、洒鲜血？是什么力量引领着他们，支撑着他们？答案只有一个：理想信念！坚定理想信念说到底就是让理想成为一种信仰，这种信仰就是我们理想信念的核心。

"龙华授首照丹心，浩气如虹烁古今。千树桃花凝碧血，工人万代仰施英。"在《忆赵世炎烈士》一诗中，老一辈无产阶级革命家吴玉章高度评价了我国著名的工人运动领袖赵世炎。"施英"正是赵世炎在党和工会刊物上写文章时用的笔名。1927年3月21日，上海工人举行了第三次武装起义。在战斗中，赵世炎身先士卒，勇敢地冲锋陷阵。经过30多个小时的激战，起义队伍打败了军阀部队。由于叛徒出卖，1927年7月2日，赵世炎不幸被捕。他受尽严刑拷打，始终坚贞不屈，甚至把敌人的监狱和法庭当成讲坛。他慷慨激昂地说："志士不辞牺牲，革命种子已经遍布大江南北，一定会茁壮成长起来，共产党必将取得胜利。"7月19日，赵世炎英勇就义，把26岁的青春和满腔热血献给了革命事业。

坚定的理想信念是共产党人的精神之"钙"，是抵御诱惑、坚守初心的坚固防线。如果说人生是小舟，那么理想就是引航的灯塔，信念就是推进的风帆。没有理想信念的人生，则难有作为，行之不远，就像失去了方向和动力的小船，在生活的波浪中随波逐流，甚至会沉没于激流险滩。历史和现实证明，只有那些坚守理想信念的人，才能在波诡云谲的政治环境中保持定力，不断推进事业向前发展。

2013年3月17日，习近平主席在十二届全国人大一次会议闭幕会上发表重要讲话，指出："经过几千年的沧桑岁月，把我国56个民族、13亿多人紧紧凝聚在一起的，是我们共同经历的非凡奋斗，是我们共同创造的美好家园，是我们共同培育的民族精神，而贯穿其中的、更重要的是我们共同坚守的理想信念。"习近平总书记在谈及坚持共产主义时特别强调："作为党章明确规定的内容，作为我们党一贯明确坚持的理想，我们要坚定信念，坚信它是具有科学性的。如果觉得心里不踏实，就去钻研经典著作，《共产党宣言》多看几遍。"

树立和坚持崇高的理想信念，就有了"主心骨""定盘星"。有了理想的目标，站得就高了，眼界就宽了，心胸就开阔了，就能厘清历史的脉络，把握时代的主线，坚持正确的政治方向，科学地观察事物、判断形势，就能让自己感到充实、增加人生乐趣，在胜利和顺境时不骄不躁，在困难和逆境时不消沉不动摇，经受住各种考验。

在为实现理想而奋斗的过程中，人生的价值和乐趣得以充分彰显。任正非在华为公司还弱小的时候，就提出了要成为"世界一流的电信设备供应商"的目标。这一明确的战略目标使得华为时时牢记目标，并将它化为行动，从而取得了巨大的飞跃。英国道德学家斯迈尔斯有言："理想乃是正常的希望，是造物予人的自然的精神，使之为高尚的目标活动。"想成就一番事业，就要立个志向、树个目标，才有行走的方向。

信念是人们在一定认识基础上确立的对某种理论主张、思想见解或理想坚信不疑并身体力行的精神状态。信念具有稳定性、执着性、多样性的特征。巴金说过："支配战士行动的是信念。他能够忍受一切艰难、痛苦，而达到他所选定的目标。"信念让人产生动力。信念隐藏在我们的心中，是取之不尽、用之不竭的力量源泉。信念决定了人的现在和未来。有首诗写道："信念是光，它照亮前行的道路；信念是火，它燃烧奋进的激情。"心中有信念，方能步履坚定、行稳致远。

理想不同于信念，但两者又不可分离，总是如影随形、相辅相成。理想是人生之海引航的灯塔，信念是乘风破浪前行之风帆。理想和信念造就人生格局，是共产党人的政治灵魂，是共产党人经受住任何考验的精神支柱。

一个人的理想，如果是为了谋求社会进步，为了绝大多数人谋利益，那就是高尚的、美好的理想。在人类历史长河中，最美好、最崇高的理想就是共产主义理想。共产主义社会是人类追求和向往的社会。在外国，古希腊著名思想家柏拉图设计了"理想国"，近代意大利人康帕内拉写下了《太阳城》，英国思想家莫尔则设想了一个民主和平、平等富足的没有贵族豪绅、没有剥削压迫的"乌托邦"。19世纪初，法国的圣西门、傅立叶和英国的欧文都提出了要建立一种平等合理的社会制度，这就是历史上著名的空想社会主义。

理想之所以能够成为一种推动人生实践以创造美好生活的巨大力量，就是由于它具有实践性。习近平主席在2025年新年贺词中说："梦虽遥，追则能达；愿虽艰，持则可圆。"任何理想的实现都离不开对理想追求的实践，它不是停留于主观领域，而是进入人们改造世界的活动，化为人们行动的热情和意志，成为一种实践的力量。历史告诉我们，没有实干精神，任何理想信念都将化为泡影。

钟扬，一个诗意的名字，就像他的名字一样——悠扬的钟声响彻千家万户，激励着后来者前赴后继。鲁迅说："世上本没有路，走的人多了就成了路。"对于这条"路"的先行者来说，钟扬"蹚路"无疑是一项艰苦的工作，跋山涉水，战胜高寒，克服饥饿，16年里奔走高原50多万公里，致力于摸清西藏的"生物家底"。53岁短短的人生拥有了如此的厚度，凸显了他的"精神高度"。钟扬教授走了，然而他的生命得到了无限的延长——他的信念力量、种子精神永远地留在了我们心中，成为激励我们不懈奋斗的动力。

一个人有了坚定的理想和信念，就有了政治定力，就能把握政治方向、站稳政治立场、坚守政治原则，心甘情愿地拼搏进取，即使牺牲自己的一切也在所不惜。为崇高理想而奋斗，需要脚踏实地、埋头苦干。历史的胜利与成功，永远属于具有崇高理想、坚定信念的人。领导干部应在本职岗位上，踏踏实实地做好工作，高标准、严要求，从自己做起，凝聚起团结奋进新征程的磅礴力量。

不能忘记为什么出发

一个人有什么样的理想和追求，就有什么样的路径和行为。百年大党风华正茂，信仰历久弥坚。习近平总书记指出："中国共产党从诞生之日起，就把马克思主义鲜明地写在自己的旗帜上。我们党一路走来，无论是处于顺境还是逆境，从未动摇对马克思主义的坚定信仰。""对马克思主义的信仰，对社会主义和共产主义的信念，是共产党人的政治灵魂，是共产党人经受住任何考验的精神支柱。"

一代代共产党人，把理想和信念熔铸在血脉之中，体现了思想的纯洁、目标的纯净、行为的纯粹。老一辈无产阶级革命家、"农民运动大王"彭湃出身于地主家庭，家有"鸦飞不过的田产"。他22岁时东渡日本求学，学习的是政治专业。一个偶然的机会，一篇日文译本《马克思主义学说》，引起了他的极大兴趣。从此，他坚定地走上了革命的道路。回国后，彭湃抛弃荣华富贵，大力开展农民运动，1924年加入中国共产党，带领农民减租抗税，甚至当众烧掉田契，将家中土地分给佃户。即使在大革命失败后的白色恐怖下，他依然坚持深入农村发动群众，在海陆丰建立革命根据地，创建中国第一个苏维埃政权。

萧华创作的《长征组歌》写道："风雨侵衣骨更硬，野菜充饥志越坚。官兵一致同甘苦，革命理想高于天。"自从盘古开天地，三皇五帝到于今，中国乃至世界上有过这样无与伦比的革命壮举吗？有过如此扭转乾坤的神奇伟力吗？有过这样的辉煌成就吗？没有！中国的历史进入了崭新的纪元，沧桑的华表有了神圣的尊严，祖国春光明媚，人民生活欣欣向荣。

有了明确的奋斗目标，就有了昂扬进取的精神状态，意志坚定、热情不减，在挫折面前不屈不挠，在困难面前勇往直前。1922年，远渡重洋的聂荣臻在给父母的家书中写道："况男远出留学，所学何为？决非一衣一食之自为计，而在四万万同胞之均有衣有食也。亦非自安自乐以自足，而在四万万同胞之均能享安乐也……此男素抱之志，亦即男视为终身之事业也！"

熊向晖的女儿熊蕾在《父亲的潜伏生涯远比影视剧精彩》一文中写道：

信仰始终如一，本应是共产党员的本色。之所以把它也列为父亲的"另类"，是因为在当前这个物欲横流的时代，信仰好像不再时髦，特别是你的信仰似乎在为许多人——包括你曾经的同志——不以为然或弃之如履的时候。而父亲，他的信仰却从未动摇，对自己所信仰的共产主义终将实现也从未怀疑。

…………

2001年，为纪念中国共产党成立80周年，中央电视台《焦点访谈》栏目组来采访父亲。访谈中，父亲回忆起他1936年12月在清华大学读书时，秘密加入中国共产党的情景。时年82岁的父亲对65年前入党的一幕记忆犹新，并流利地背诵出当年的入党誓词："……牺牲自我，永不叛党，为共产主义奋斗终身！"接着，他讲到宣誓后，三个秘密党员心里默唱《国际歌》，父亲念出了那句歌词："英特纳雄耐尔，就一定要实现！"这时，父亲的眼睛闪闪发亮。

共产党人的初心，就是为共产主义、中国特色社会主义而奋斗的理想信念。这是中国共产党人的行动指南，也是激励中国共产党人砥砺前行的力量源泉。2016年7月，习近平总书记在庆祝中国共产党成立95周年大会上指出："走得再远、走到再光辉的未来，也不能忘记走过的过去，不能忘记为什么出发。面向未来，面对挑战，全党同志一定要不忘初心、继续前进。"

《共产党宣言》表明，共产党人的初心和使命，就是为绝大多数人谋利益。中国共产党人的初心和使命，就是为中国人民谋幸福，为中华民族谋复兴。人民的利益高于一切，为谋人民的幸福而尽心竭力，是党性的集中表现，是共产党人权力观的根本要求，是领导干部道德规范的本质内容。

1941年，时任鄂西特委书记何功伟被捕入狱。面对敌人一次次严刑拷打、一次次劝降利诱，他毫不畏惧、不为所动，高唱《国际歌》英勇就义，年仅26岁。何功伟在给父亲的信中写道："儿献身真理，早具决心，除慷慨就死外，绝无他途可循，为天地存正气，为个人全人格，成仁取义，此正其时。"

时任中国工农红军第四军第一师师长的贺锦斋，在率领部队转移途中被敌人包围。他奋勇冲杀，壮烈牺牲，年仅27岁。在与敌人决一死战的前一天，他给弟弟贺锦章写了一封家书：

吾弟手足：

　　我承党的殷勤培养，常哥（即堂兄贺龙）多年的教育以至今日，我决心向培养者、教育者贡献全部力量，虽赴汤蹈火而不辞，刀锯鼎镬而不惧。前途怎样，不能预知，总之死不足惜也。

　　家中之事，我不能兼顾，堂上双亲希吾弟好好孝养，以一身而兼二子之职，使父母安心以增加寿考，则兄感谢多矣。当此虎豹当途、荆棘遍地，吾弟当随时注意善加防患，苟一不慎，即遭灾难。切切，切切。言尽于此，余容后及。

兄　绣

一九二八年九月七日于泥沙

**　　理想作为人们一切行为的自觉动机，以其高度的坚定性成为引导人们努力奋斗的强大精神力量。** 理想信念为人生实践提供动力和毅力，是人生的力量源泉。一个人有了自觉的理想和信念，社会立场坚定，方向明确，意志坚强，热情高涨，在任何困难和挫折面前，始终充满必胜的信心。

　　正确的个人理想，可以推动个人为人民、国家和民族作出应有的贡献；否则，只能是鼠目寸光，碌碌无为。有的人没有为之奋斗的志向和目标，就像一艘没有舵的船，漂流不定，只会停留在原地，长期在庸俗的气氛中过日子，就会变得懒散，常常叹息茫然。正如列夫·托尔斯泰所言："理想是指路明灯，没有理想，就没有坚定的方向，而没有方向，就没有生活。"苹果公司创始人乔布斯说："拥有使命感和目标感才能给生命带来意义、价值和充实。这不仅对你的健康和寿命有益处，而且即使在你处于困境的时候，你也会感觉良好。"

自觉树立正确的个人理想并为之奋斗不息，才能卓有成效地实现并提高自己的人生价值，成为一个有益于党、有益于国家、有益于人民的高尚的人。

2021年被授予"七一勋章"的李宏塔，曾被举报贪污受贿。那是2005年，中央纪委收到了举报时任安徽省民政厅厅长李宏塔的信件。然而，当中央纪委深入调查后发现，李宏塔始终艰苦朴素、清正廉洁、以严治家，像普通老百姓一样活着，每天骑自行车上下班。他一生节俭，对吃、穿、住都不讲究。李宏塔住的房子只有55平方米，一家三代人已住了整整16年。即便如此，家里却没有多少存款。

我们行走在实现中华民族伟大复兴的征程上，要常怀初心，永远保持建党时的奋斗精神，永远保持对人民群众的赤子之心。有了高远的理想和信念，才能把党和人民的利益置于至高无上的位置，才能踔厉奋发、走向卓越，成为合格的领导干部。要自觉打掉心里的小算盘，对个人的名誉、地位、利益看得淡一些，把自己的幸福同人民的幸福联系在一起，为实现中华民族伟大复兴的中国梦而持续奋斗。

坚定的理想信念，是领导干部从业理政之魂。当前，世界范围内各种思潮交流交融交锋日趋频繁，境内外敌对势力对我国实施西化、分化的战略一刻也没有放松。这些都对领导干部的世界观、人生观、价值观产生着潜移默化的影响，更需要在理想信念上进行有力引导。坚定理想信念，能使人具有崇高的人生目的、高尚的情操和勇于献身的品格，在事关大局、事关方向、事关根本的原则问题上保持清醒，战胜诱惑，远离腐败的陷阱。坚定理想信念，理政用权就有了正确的方向，战胜诱惑就有了钢铁屏障。领导干部要信守誓言，知行合一，把崇高理想落实到做好本职工作上，始终保持良好的精神状态，在答好时代之卷中为中国特色社会主义伟大事业而不懈奋斗！

胸有理想气自华

初心，是人生最初的梦想，是人生开端的追求，是事业成功的承诺。古语云："不忘初心，方得始终。"初心是无悔的选择，而前方则是理想变为现实的盛景。无论所处的环境多么艰苦，无论外界诱惑多么迷人，无论世俗之徒有怎样的偏见，我们都不能放弃自己最初的志向，坚定前行，勇敢地面对困难和挑战。只要我们昂扬的斗志永不消散，我们便不会在途中被打败，才能积小胜为大胜，抵达成功的彼岸。

把共产主义确立为远大理想，是共产党人的初心，是基于对社会发展规律的科学认识，是建设一个新世界的使命担当。"初心"，意谓初始者的心、起初的心。入党宣誓时，我们都心潮澎湃。入党誓词是一面明镜，需要我们经常对照，以此修身正己、锤炼党性，用一生的实际行动诠释崇高的信仰，为党的事业、为人民的向往而不懈奋斗。中国共产党从1921年7月23日诞生起，"为共产主义真理而献身"就成为共产党人最崇高、最神圣的理想和信念。无数优秀的共产党人在白色恐怖下隐虎穴、炮火纷飞中奋刀枪，冲破"敌军围困万千重"，爬雪山、过草地、涉沼泽、眠雪野，表现出无与伦比的英雄气概，这就是初心的力量、理想的召唤。

王器民烈士1922年加入中国共产党，1925年秋任国民革命军第4军第13师政治部主任，1927年被捕。同年7月，他英勇就义，时年35

岁。6月28日，王器民在监狱给妻子高慧根写了一封家书，充分体现了一名共产党人常怀革命初心、甘愿为革命牺牲的精神。

我最念的爱妻慧根：

你夫阿器遗言，六月廿八日。

"为求主义实现而奋斗，为谋民众利益而牺牲。"自我立志革命，参加实际工作以来，这二句以（已）成誓词。……但是革命份（分）子既抱定以上二句誓词，即牺牲又有甚（什）么紧要。况且佛家有说过"自己无入地狱，叫谁入地狱"。革命份子如无肯牺牲，革命是没有成功的日子。我是为大多数人谋利益而牺牲，我的革命目的达到了。惟是对你很对不住，因为数年与你艰艰苦苦，我用全副精神为革命而努力，没有和你享过一日的安闲快乐的日子，我们夫妻可谓因国而忘家，为公而忘私啊！你虽然体量（谅），而我终是觉得对不住呢。

…………

红军长征时，董必武年纪已经年近五十，但他硬是跟着大部队一路走了下来。长征途中，董必武背着和年轻人一样重的东西行军，同时还要照顾妇女干部和伤病员，组织抬60副担架的120多人的担架队的行军和食宿，还要负责收容掉队的战士。每到一个宿营地，他都要跑来跑去，安排好筹粮、做饭、睡觉、警戒。夜间他还要起来查铺、查哨。行军时，董必武总是从队前跑到队后鼓励大家，往返跑了比别人多很多的路程。

一次，他在替抬担架的同志换肩时，由于太累了，脚没有站住，一下子摔在泥坑里，浑身沾满了泥。有个调皮的队员见状，给董必武送了个"泥人董"的外号，惹得大家一阵欢笑。董必武也高兴地和大家一起笑了起来。

遵义会议后不久成立的由毛泽东、周恩来等人组成的红军新"三人团"很关心董必武等老同志，给他们每人配备了一匹马。董必武却用那匹马来驮伤病员、驮粮食、驮书，自己则拉着缰绳在前面引路。中央和同行的同志一再劝说董必武骑马，但他依然坚持步行。行军中，为了照顾正在发烧生病的饲养员，董必武把马让给饲养员骑，自己边牵马边手拿木棍拨草探路前进。在一个斜坡处，下面是悬崖，马不肯走。他使劲一拉，马突然朝前一蹿，他连人带马滚下坡去，幸好被坡下的小树挡住才躲过一劫。

习近平总书记在庆祝中国共产党成立95周年大会上的讲话中指出："95年来，共产主义远大理想激励了一代又一代共产党人英勇奋斗，成千上万的烈士为了这个理想献出了宝贵生命。'砍头不要紧，只要主义真'，'敌人只能砍下我们的头颅，决不能动摇我们的信仰'，这些视死如归、大义凛然的誓言生动表达了共产党人对远大理想的坚贞。理想之光不灭，信念之光不灭。我们一定要铭记烈士们的遗愿，永志不忘他们为之流血牺牲的伟大理想。"

不忘初心，要求我们时刻不要忘记"时代是出卷人，我们是答卷人，人民是阅卷人"。不忘初心，就要牢记党员的第一身份、第一职责，不辱使命，砥砺前行。我们曾经面对鲜红党旗向党庄严宣誓，实质上是对党庄重的政治承诺，需要通过不断实践来体现。唯有发扬实干精神，才能将理想信念变为现实。要为崇高理想而奋斗，必须从自己做起，埋头苦干、百折不挠，抵达梦寐以求的远方。越是临近终点越要小心，思想集中，精神专注，脚步谨慎。越是掌握实权，越是职位升高，就越要树立正确的权力观，艰苦奋斗，淡泊名利，不为贪欲所俘。

对领导干部而言，如果能守住初心，就能战胜贪欲。"清正在德，廉洁在志。"领导干部秉持初心，是对意志品质的自觉磨炼，具有无坚不摧的力量。如果背离初心，就会脚下无"根"站不稳，心中无"根"行不端，就会自我衰败，被贪欲打败。2024年6月16日，十四届全国政协常委、文化文史和学习委员会主任吴英杰官宣被查。吴英杰的"双开"通报中提到，吴英杰丧失理想信念和党性原则，背离初心使命，贯彻落实党中央新时代治藏方略不力，大肆插手工程项目，徇私谋利，严重影响西藏高质量发展，履行全面从严治党主体责任不力，助长贪腐问题滋长，破坏政治生态。湖南郴州原市委书记因贪被囚后，其妹去探监时问："哥，你贪那么多钱干啥？"贪官答："你不知道，到了这个份儿上，想不要都难。"一名违纪违法人员忏悔："我放弃了政治坚守，陷入了精神迷境。我对共产主义的信仰发生了动摇，入党宣誓时的热血基本变凉了，最后变成无法医治的'败血症'。"信仰、理想、人生价值目标的缺失导致他们在人生道路上走向歧途，蜕化变质。

一些人之所以跌入违纪违法的陷阱，从根本上讲就是丢掉了初心和使命。有的领导干部理想信念缺失，政治信仰不坚定，对马克思主义做不到真信真懂真用；有的政治意识不强，站位低，觉悟不高，缺乏政治定力。领导干部必须固本培元，提升道德修养，补足精神之钙；坚定共产主义的理想和信念，使我们的理想信念强大无比，马克思主义信仰坚如磐石。深入学习习近平新时代中国特色社会主义思想，坚持不懈搞好理论武装，筑牢信仰之基、把稳思想之舵，切实增强"四个意识"。

领导干部必须时刻牢记党员第一身份，不能信仰任何宗教，但是有些人却以公开、半公开的方式"突破"了。有的是为了官位；有的是为了弥补仕途"到顶"后的心理落差；有的贪污受贿后，罪恶感也随之相伴，为了赎罪，为了不案发，便四处拜佛，以为只要烧香拜佛，有了佛的保佑，就可以消除"灾祸"，逃脱党纪国法的惩处，躲过牢狱之灾。最终，他们都一个个锒铛入狱，去了应该去的地方。还有的人认为，自己已经从职务上退下来了，为什么不能信教？职务退了下来，可党员身份却没有退。因此，离退休党员也不能信教。共产党人政治上的清醒与坚定，行为上的高尚与廉洁，都来自崇高的理想信念。历史和现实一再启示我们，在新的历史条件下，我们要立于不败之地，不忘初心，不负重托，不辱使命，就必须坚守共产党人的理想信念。

北宋政治家、军事家和文学家范仲淹的《瀑布》诗，堪称警世之作。前四句是："迥与众流异，发源高更孤。下山犹直在，到海得清无？"大意是：迥然不同于寻常溪流的瀑布，从极高的山上奔泻而下的时候，带着雷霆般的轰响，是何等气势，何等清直啊，可是经过千回百转，流入大海时，不知是否还能保持自己的清纯秀美而不沾染污浊？

人的一生犹如河流一样漫长而曲折，随着地位和环境的变化，形形色色的外界诱惑很多。如果能够经常想想，时刻问问自己："加入党组织时的初心是什么？当了干部应该做什么？将来身后应该留什么？是不是秉持初心、忠诚履职？是不是无愧于共产党员的光荣称号？是不是牢记使命、鞠躬尽瘁、保持晚节？"经常以"到海得清无"自重、自省、自警、自励，就能保持瀑布一样的清纯，方显出壮丽本色。

不忘初心，就是每每站在新的起点上，经常回头看看走过的路、注意比较别人的路、远眺认准前行的路，坚定前进信心。一个人的生命很宝贵，无法重来，不能复制，切莫忘记初心。正如马克思所言，工人阶级的革命事业要"经常自己批判自己，往往在前进中停下脚步，返回到仿佛已经完成的事情上去，以便重新开始把这些事情再做一遍"。经常回过头看看自己走过的路，想想当初为什么启程，才会找对人生的方向。经常让自己回到起点，给自己一往无前的决心，鼓足从头开始的勇气，才会坚定追求，不改初衷，矢志不渝，努力成为可堪大用、能担重任的栋梁之材。

可贵的理论兴趣

"惟书有色，艳于西子；惟书有华，秀于百卉。"兴趣是成功的钥匙。兴趣往往会使人在学习和探索中达到一种乐而忘返、如痴如醉的状态。兴趣像一匹骏马，骑着它可以向着目的地飞奔疾驰。任何人只要对他从事的某项活动有兴趣，就能积极地参与，做得出色。兴趣的专注，能够引起大脑皮层相关区域的奇异反应，使脑细胞处于极其活跃的状态，极易捕捉来自外界的信息。我们对某件事感兴趣，再加上智慧、才能和毅力，就能到达成功的彼岸。

兴趣是激励学习最好的老师，"知之者不如好之者，好之者不如乐之者"，讲的就是这个道理。兴趣是一个人内在素质和外在行为的综合集成，可以激发学习的积极性，使自身处于一种愉快、满意、兴致淋漓的状态，进而产生活跃思维、激发想象力、形成创造力的良好效果。《论语》开篇第一句话就是"学而时习之，不亦说乎"。兴趣对自己是一种享受，对别人则是一个磁场。兴趣的产生，既有天生的，又有后天培养的；既有内在的历练，又有外部的影响。

读书能够提高人的综合素质，拉开人与人之间的差距。毛泽东是博览群书的光辉典范。青年时代，他在长沙图书馆自修，经常是吃完早饭第一个进门，晚上最后一个离开，中午常常饿着肚子不吃饭，有时就到街上买几个烧饼充饥。无论是在戎马倥偬的战争年代里，还是在新中国成立后日理万机的岁月中，毛泽东总是千方百计地抽出时间读书。

毛泽东在长征路上读马列书很起劲儿。红军到了毛儿盖，没有东西吃，肚子饿，但他读马列的书仍不间断，有《两种策略》《共产主义运动中的"左派"幼稚病》《国家与革命》等。胡宗南进攻延安时，大家为毛泽东的安全而担心，而毛泽东担心的却是他的书。敌兵追得紧，部队大量地精简行装，他什么都舍得精简，唯独舍不得精简书籍。在延安的一次演说中，毛泽东说："我如果再过十年死了，那么就要学九年零三百五十九天。"

提高领导干部的官德修养，加强理论学习，应培育理论兴趣。 人们的兴趣不是天生的，原来没有的兴趣可以通过学习和实践逐步培养起来，可以通过正面引导，因势利导，耐心疏导，使兴趣升华。1957年8月4日，毛泽东在给秘书林克的信中说："请找列宁《做什么》《四月提纲》（一九一七年）两文给我一阅。……你可看点理论书，你需要学习理论。兴趣有，似不甚浓厚，应当培养，慢慢读一点，引起兴趣，如倒啖甘蔗，渐入佳境，就好了。"1957年10月2日，毛泽东致信林克说："钻到看书看报看刊物中去，广收博览，于你我都有益。略为偏重一点理论文章，逐步培养这一方面的兴趣，是我的希望。"

达尔文从小就对生物有浓厚的兴趣，后来毅然参加了"贝格尔号"军舰的环球考察，采挖生物标本。5年后，他定居伦敦郊外，潜心研究这些资料，冷板凳一坐就是20年，1859年终于出版了《物种起源》，创立了进化论。正是目标和毅力巩固、延伸了他的兴趣。如果要想有更大的成就，兴趣还得转化为责任和牺牲。特别是从事社会科学的人，必须担大责，才能有大成。

要根据自己的工作经验，培养理论兴趣，根据自己的世界观、理想和信念来推动和调节兴趣，增添趣味的元素。 习近平总书记曾讲述陈望道的故事。陈望道在翻译《共产党宣言》时，错把墨汁当红糖，蘸着吃掉了粽子。母亲问他味道如何，他还说"够甜"。这样的甜，是信仰的味道，也是全身心投入乐在其中的味道。我们学习理论，正需要这样一种好之乐之的精神。

当年，马克思和恩格斯非常重视工人阶级的理论兴趣。恩格斯在《路德维希·费尔巴哈和德国古典哲学的终结》中说："德国人的理论兴趣，现在只是在工人阶级中还没有衰退，继续存在着。"在其他著作中，两位导师还多次指出，工人阶级的理论兴趣是革命运动健康发展的保证，并热情称赞这种理论兴趣为"伟大的理论兴趣"。

兴趣是人的天性，但要成就功德，还得将它转化为目标和毅力，不达目的决不罢休。 理论兴趣是走进理论学习园地的一种内在动力。理论功底浅的人，往往对一些重大现实问题吃不准，对一些似是而非的观点说不清，对一些新事物的实质和发展趋向看不透。有了理论兴趣，加之政治立场比较对头，实践经验比较丰富，对科学理论就能容易接受、消化和运用，对好多事物就能得到正确、深刻的认识，对许多新现象就能进行令人信服的剖析。

理论学习是一种"充电"——能量的补充，不补充就会底气不足，底气不足就会与别人拉开差距，甚至会落伍。"有关家国书常读，无益身心事莫为。"领导干部不能等同于普通群众，不能把大量的时间花在喝茶调侃、喝酒跳舞、观光旅游等方面，而应该把读书学习作为第一爱好、第一习惯、第一行为。许多年轻干部领导正处于学习提升的"黄金期"，用钻研理论的兴趣占领自己的兴趣空间，就可以摈弃低俗、庸俗的兴趣爱好，变"要我学"为"我要学"，变"学一阵"为"学一生"，笃学不怠，持之以恒。

提高共产党人的马克思主义理论水平，是坚定共产党人共产主义远大理想和中国特色社会主义共同理想的前提和基础。恩格斯说过："一个民族要想站在科学的最高峰，就一刻也不能没有理论思维。"中华民族要实现伟大复兴，也同样一刻不能没有理论思维。马克思主义始终是我们党和国家的指导思想，是我们认识世界、把握规律、追求真理、改造世界的强大思想武器。对于共产党人而言，单单对马克思主义理论的个别字句的学习和理解是远远不够的。如果对很多理论观点只停留在感性认识上，从自身的主观体验、从经验的层面来理解共产主义，必然无法认识共产主义的科学性。只有把握马克思主义的世界观、方法论，才能领略马克思主义的深邃和精髓。

理论上的清醒是保持政治定力、做好一切工作的智慧和力量源泉。要深入学习马克思主义基本理论，这是共产党员绝对忠诚的思想基础。2015年12月，习近平总书记在全国党校工作会议上指出："我多次说过，党的各级领导干部特别是高级干部，要原原本本学习和研读经典著作，努力把马克思主义立场、观点、方法学到手，作为自己的看家本领。""年轻干部要胜任领导工作，需要掌握的本领是很多的。最根本的本领是理论素养。"这是我们党对待马克思主义的根本态度，也是时代赋予我们党的庄严使命。

要改变陷入事务不勤学、装点门面不真学、学用脱节不善学的状况，使学习和工作有机结合，使党的创新理论真正融会于心、见之于行。2018年5月4日，习近平总书记在纪念马克思诞辰200周年大会上明确指出："共产党人要把读马克思主义经典、悟马克思主义原理当作一种生活习惯、当作一种精神追求，用经典涵养正气、淬炼思想、升华境界、指导实践。"2019年3月1日，习近平总书记在中央党校（国家行政学院）中青年干部培训班开班讲话中指出："在学习理论上，干部要舍得花精力，全面系统学，及时跟进学，深入思考学，联系实际学。"

领导干部要自觉做党的创新理论的笃信笃行者。要舍得花时间、花精力读原著、学原文、悟原理，强读强记，常学常新，往深里走、往实里走、往心里走，深入领会党的创新理论的道理、学理、哲理，知其言更知其义，知其然更知其所以然，学、思、用贯通，知、信、行统一，建构起对马克思主义基本理论的清醒认知和坚定遵循，自觉做共产主义远大理想和中国特色社会主义共同理想的坚定信仰者和忠实实践者，坚持问题导向，用新思想指导解决实际问题。

善于读书表现在许多方面。苏轼认为读书须在熟读、深思上下苦功："故书不厌百回读，熟读深思子自知。"习近平总书记指出："领导干部阅历丰富，独立思考能力比较强，要带着问题读书，养成边读书边思考的习惯，在广泛阅读的基础上，联系实际，开动脑筋，对现实中的疑惑进行深入思考，力求把零散的东西变为系统的、孤立的东西变为相互联系的、粗浅的东西变为精深的、感性的东西变为理性的。要敢于拿起批判的武器，在思考中发现新的问题，在继承前人的基础上努力形成新的认识。"

提出疑问，多问"为什么""可能吗"，不是想入非非，不是怀疑一切，也不是钻牛角尖，而是应当有秩序地由浅入深地提出问题。可以采取逐步深入法：这本书的论点、观点是不是长期实践证明了的？符合不符合当前的客观实际？需要做哪些修改、完善，论证这些观点的论据是否充分，有没有偏颇、错误之处？这个观点与其他书籍的观点有何异同？怎样结合自己的实际情况加以融会贯通和落实到行动之中？

习近平总书记在和大学生朋友们交流谈心时，传授如何学好本领、增长才干的有效方法："一个举重运动员破世界纪录，不是他'天生丽质'，一下就举起200公斤，而是一点儿一点儿加起来的，干大事都要一点儿一点儿地积累。"练真本领靠的是点滴积累，要花时间去沉淀、凭毅力去坚持，必须耐得住寂寞，没有捷径可走。

《中国纪检监察杂志》载，李兆雄是中国铝业股份有限公司广西分公司纪检监察部正科级纪律检查业务主管，因勤奋学习、能力突出，常年被借调到中铝集团纪检部门工作。李兆雄和同事们在参与专案和中央巡视组交办的案件查办中，共为国家和集体挽回经济损失数亿元。每次出差在外，他都会随身携带几本相关专业书籍和纪检监察工具书，作为查办案件的帮手。他在与一名涉案人员谈话时，动之以情，晓之以理，耐心为被调查人列举了大量相似案例，还通过换位、类比等手法，帮助对方认清形势，卸下包袱，唤醒被调查人的"初心"和"良知"，用了不到3天的时间就取得了谈话的新突破，推进了案件的办理。

坚持人民至上

为民造福是治国平天下最主要的一项内容。爱民、利民、养民、惠民、富民，才能得到民众的支持和拥护。因此，执政为民不是漂亮辞令、道德标签、金字招牌，而是蕴含着为民谋福的深刻内涵。领导干部必须把人民利益摆在至高无上的地位，始终把群众满意作为第一标准，将心比心，以心换心。习近平主席在2025年新年贺词中说："家事国事天下事，让人民过上幸福生活是头等大事。"

民本思想是中国政治文化中的重要内容。《尚书·五子之歌》中的第一首，阐述了为政者对待民众应亲近，不可鄙视，强调民众是国家的根本，根本巩固了，国家才能得到安宁，所谓"皇祖有训，民可近，不可下。民为邦本，本固邦宁"。

孟子提出"民贵君轻"的民本主义思想后，历代有政治智慧的思想家、为政者都把爱民看成确立和巩固其统治合法性的根本，爱民也成为官箴的核心内容。民本思想主张民为邦本，强调"以百姓心为心"。孟子认为"民为贵，社稷次之，君为轻"；北宋张载曾说"为天地立心，为生民立命"。这种民本思想是中华传统文化中的宝贵元素，与共产党为人民服务的宗旨和"立党为公、执政为民"的方针是一致的，我们应当继承、发扬。从杜甫的"安得广厦千万间，大庇天下寒士俱欢颜"到于谦的"但愿苍生俱饱暖，不辞辛苦出山林"，无不昭示着"心无百姓莫为官"的为政真谛。领导干部践行政德修养，不是"只为领导服务"，而是要时时为人民服务，用自己的"辛苦指数"换取群众的"幸福指数"，在群众的笑脸中实现人生梦想。不仅如此，领导干部还要引导、带动周围的党员、干部为人民服务，形成强大的社会合力，这样才能产生较大的社会效果。

坚持人民至上，体现了"第二个结合"的必然逻辑。马克思主义强调人民主体地位，主张人民利益至上，这与中华优秀传统文化中"民为邦本""民利至上"的思想非常契合。坚持人民至上，筑牢了中国共产党的执政根基，铸就了中国共产党的百年辉煌。坚持人民至上，是对传统民本思想中的合理成分进行了创造性转化和创新性发展。坚持人民至上的世界观和方法论是"第二个结合"的典范。中国共产党把为人民谋幸福、为民族谋复兴作为自己的初心使命，始终奋斗不息，把民本思想始终贯彻到自己的行动上。历史雄辩地证明，谁与人民群众想在一起、干在一起，人民群众就会拥护谁、支持谁、跟谁走。中国共产党是为人民服务的政党，只要永不脱离群众，党就能无往而不胜。只有坚持人民至上，我们才有能力、有信心、有办法找到凝聚中华民族的最大公约数，使得全党全国人民拧成一股绳，朝着全面建设社会主义现代化国家和中华民族伟大复兴的目标阔步前进。

党的第三个历史决议，把"坚持人民至上"作为党百年奋斗的十条历史经验之一，深刻揭示了我们党永葆旺盛生命力和强大战斗力、始终立于不败之地的根本所在。党的二十大报告明确提出了"六个必须坚持"，其中居于首位的就是"必须坚持人民至上"。无论是"江山就是人民，人民就是江山"的根本立场，还是"想人民之所想，行人民之所嘱"，都饱含着我们党对人民的深情厚谊，贯穿着人民至上的价值追求。

2015年9月22日，习近平主席在美国华盛顿州当地政府和美国友好团体联合欢迎宴会上回忆说："上世纪60年代末，我才十几岁，就从北京到中国陕西省延安市一个叫梁家河的小村庄插队当农民，在那儿度过了7年时光。那时候，我和乡亲们都住在土窑里、睡在土炕上，乡亲们生活十分贫困，经常是几个月吃不到一块肉。我了解乡亲们最需要什么！后来，我当了这个村子的党支部书记，带领乡亲们发展生产，我了解老百姓需要什么。"

在宁德清查干部违规私建住宅时，面对干部中存在的一些畏难情绪，时任宁德地委书记的习近平严厉质问："我们是得罪几千名干部，还是得罪几百万群众？"立党为公、执政为民的执政理念，已深深地融入他的思想中。

习近平同志在《干在实处 走在前列——推进浙江新发展的思考与实践》一书中，针对群众工作有一段形象的描述："我们的方针再正确，如果不被群众理解，也难以贯彻施行。如果群众不听，你就先跟着群众走；群众跳火坑，你也跟着跳下去。群众觉悟了，从火坑里爬出来，最终还是要跟你走。群众跳，你不跳，干群关系就疏远了。你一起跳，感情上拉近了，工作就好做了。"

是否坚持人民至上、执政为民，不仅是态度问题、感情问题，更是政治立场、政治本色问题。中国共产党成立之初，就把"人民"写在自己的旗帜上，把为人民谋幸福作为一代代共产党人的夙愿。坚持人民至上，蕴含着人民地位至上的本质内容。党的全面领导坚持党性与人民性的高度统一，始终尊重人民的主体地位，确保将党的执政要求与人民至上的本质要义相协同。坚持人民至上，就是要把人民拥护不拥护、赞成不赞成、高兴不高兴作为党制定路线方针政策的依据，就是要让发展成果更多更公平地惠及全体人民。我们党100多年来之所以能够由小到大，始终拥有扭转乾坤的伟力，一个重要原因就是我们党的领导人和广大领导干部始终坚持人民至上，真诚地为大多数人谋利益，取信于民。

坚持人民至上，彰显了人民利益至上的价值愿景。中国共产党始终将追求美好生活、满足美好生活需要作为坚持人民至上的奋斗目标。群众在我们心里的分量有多重，我们在群众心里的分量就有多重。习近平总书记指出："我们要始终与人民风雨同舟、与人民心心相印，想人民之所想，行人民之所嘱，不断把人民对美好生活的向往变为现实。"想问题、作决策、办事情注重把准人民脉搏、回应人民关切、体现人民愿望、增进人民福祉。为民造福是站稳人民立场、坚持人民至上的根本落脚点。

领导干部在任何时候，都要做人民至上、执政为民的表率。要心甘情愿地将自己置于人民公仆的地位，官高不泯公仆心，位显愈添赤子情，牢固树立群众观点、坚持党的群众路线，做到思想上尊重群众、感情上贴近群众、工作上依靠群众；经常了解群众的喜怒哀乐、悲欢离合，爱群众之所爱，恶群众之所恶，顺应群众期待，倾听群众呼声，解决损害群众利益的突出问题，维护社会公平正义，始终与人民群众同呼吸、共命运、心连心。

1989年7月，宁德地委召开了一次贫困乡党委书记座谈会。下党乡的党委书记杨奕周站了起来，说："习书记啊，我这个乡党委书记难当啊，下党太落后了，你能不能到我那里去看一看？"他说，贫困户太困难了，有一对夫妇，谁出门谁就把家里那条唯一的裤子穿出去。财政上拿不出钱，干部的工资发不出。教育很落后，很多小孩子看完了电影《上甘岭》却不走，看看地上有没有留下子弹壳。

会后没几天，习近平同志就带上18个委、局的同志踏上了去下党乡的路。到了平溪乡屏峰村，车子就不能往前开了，他们只好下车步行20多里山路，到下党时已经是中午了。习近平同志认真听取基层干部群众的意见建议，对于他们提出的困难当场进行研究，决定优先解决通乡公路、水电照明和办公场所的问题，并把任务分解到各个委、局，限期解决。座谈会后，他又看望了几户贫困群众。下午两点多，习近平同志提出要去现场考察要修的那条山间路。当时，那一带荆棘丛生，高低不平，他们一直走了5个多小时。

一周后，下党乡遭遇了一场洪水。习近平同志牵挂那里的灾情和群众，当即决定前去查看。当时洪水冲毁了道路，十分艰险，可他坚持要见到群众。他披荆斩棘，几番涉险，终于来到了下党乡。慰问群众、安排好救灾工作后，他的心才踏实下来。

1996年8月7日，他仍然非常牵挂下党乡的父老乡亲们。后来，他以省委副书记的身份再进下党，现场办公，协调解决了乡公路建设和下屏峰村灾后重建问题，调研了花菇产业发展情况。在习近平同志的关心支持下，下党乡摆脱了贫困，实现了小康。

能不能坚持全心全意为人民服务的根本宗旨，是衡量一名党员是否合格的根本标尺。实践一次又一次的证明，我们党的根基在人民，血脉在人民，力量在人民。党离不开人民，人民也离不开党。党离开了人民，就会垮掉。党执政后的最大危险就是脱离群众。如果认为没有群众同样可以当干部，当上干部就觉得自己了不起，不把群众放在眼里、装在心上，沾染官僚习气和市侩作风，恪守党的宗旨就会成为一句空话。如果把人民给的权力化为私有，那就是对人民的背叛。

斯大林曾经在联共（布）代表大会上引用古希腊神话故事，来比喻党与群众的关系：安泰健壮勇猛，天下无敌，是由于靠着哺育他的母亲大地女神赋予他力量。因此，连有名的敌手赫拉克勒斯也屡遭败绩。后来赫拉克勒斯发现了他的这一弱点，设法使他脱离地面，然后击败了他。斯大林引用这个故事，指出与人民群众密切联系是党"不可战胜的关键"。刘少奇也曾指出："我们党必须和广大群众保持密切的联系，如果和群众联系不好，就要发生危险，就会像安泰一样被人扼死。"①

必须坚持人民至上、执政为民，清醒地认识到权力姓"公"不姓"私"。坚持到田间地头察民情，从家长里短听民意，在深入把握群众意愿的基础上，多做为民造福的实事好事。行使权力不越轨，始终贯穿人民至上的理念，把赢得人心、增强凝聚力作为领导活动的力量之源，把权用在人民身上，把情系在人民身上，把利谋在人民身上，把人民的福祉当作从政的根本和目标，把为人民服务当作终身追求，始终同人民群众心连心。领导干部从入党那天起，就是党的人，就要把全心全意为人民服务视为自己的天职，当作自己的座右铭，看到群众

---

① 《刘少奇选集》上卷，人民出版社1982年版，第397页。

的愁心事而坐卧不安，想尽一切办法帮助解决而不求回报，在"高处"也要忧其民，毫无保留地贡献自己的聪明才智，用领导干部的"辛苦指数"提升人民群众的"获得指数""幸福指数"。

忠诚：首要的政治品质

《论语》提到"忠"这一道德规范共有15次。孔子的学生子路向老师请教如何为政，孔子的回答是："居之无倦，行之以忠。"在位时不要疲倦懈怠，执行政令时要忠心耿耿、尽心竭力。"忠诚所感金石开，勉建功名垂竹帛。"（陆游：《秋日村舍》）真诚能够感动像金石那样坚硬的东西，能勉励自己建功立业，名垂青史。东汉著名经学家马融认为，忠诚是人性中最光辉的一面，"天下至德，莫大乎忠"。

忠诚是一种发自内心的情感，它要求人们服从内心的信仰与信念，总是尽心竭力为国家、为集体、为群众多做好事。古往今来，无论做官，还是为人，忠诚都是一种值得敬佩的品质。令人难忘的忠义之士，被一个个历史故事竞相传颂，被一代又一代人奉为楷模。忠诚是根据自己崇高的目标献出全部精力乃至生命的一种心态和行为。有了深厚的忠诚感，就会使人生具有不同寻常的意义。

提起忠诚，就不能不说岳飞。精忠昭日月，正气贯古今。当金军入侵后，岳飞看到国土沦陷，不禁怒发冲冠。他立志收复中原，一雪靖康亡国之耻。宋徽宗宣和四年（1122），岳飞应募从军，抗击金军。临行前，其母姚氏在岳飞背上刺下"精忠报国"四个字。她郑重地对岳飞说："你一生的志向就在这四个字里面了！"从此，"精忠报国"四个大字成为岳飞终身遵奉的信条。岳飞的抗金斗争，是一场反抗民族压迫的正义战争。岳飞的脑子里装满了国家、民族、百姓，没给自己留下一点点位置。岳飞善于谋略，治军严明，在其戎马生涯中，亲自参与指挥了126仗，未尝一败，是名副其实的常胜将军。岳飞的名言"还我河山"至今仍震撼人心，回响于历史的回音壁。

"人无忠信，不可立于世。"我们应把忠诚视为做人的底线。成功需要忠诚和勤奋。忠诚是源，源浚方能流长。"尽己之谓忠。"忠诚是极度的真心与无上的诚意融合而产生的德行，是构成完美人格与成功人生所不可或缺的要素。忠诚不同于阿谀奉承，它从不寻求丰厚的回报，更没有其他的企图。

罗荣桓在秋收起义以后，就随同部队到达井冈山，历任连、营、纵队党代表。在著名的古田会议上，经毛泽东提名，罗荣桓当选为红四军前委委员。林彪善于指挥作战，但个性太强，担任红四军军长后，又不易与人合作。于是，毛泽东向前委建议，由罗荣桓出任红四军军委书记兼政委。

在反对"左"倾冒险主义和苏区反"围剿"的斗争中，罗荣桓坚决拥护毛泽东的正确主张，始终和毛泽东站在一起，曾因此受到"左"倾领导者的排挤，甚至被撤职，但他仍不改变自己的看法。虽蒙受冤屈，但他始终坚持共产主义信念，仍旧老老实实地为党工作。对此，1936年毛泽东曾对美国记者斯诺说："……在这个最早的部队中，有许多人始终忠心耿耿，直到今天还在红军中，例如现任一军团政委的罗荣桓……"[1]罗荣桓于1963年12月病逝后，毛泽东非常痛心，作诗《吊罗荣桓》以示哀悼。这首诗的最后一句"国有疑难可问谁"，表达了对罗荣桓的非凡器重。

---

[1] 竞鸿、吴华编著：《毛泽东生平实录》，吉林人民出版社1992年版，第391页。

忠诚是做人做事的基本立场，是一个人至高至上的政治品质，不贰其志，不讲条件，不求回报，尽职尽责，光明磊落。人生不能缺少忠诚。做好时代的答卷人，必须讲忠诚。忠诚是为人立世之本，是成长的力量源泉。忠诚是共产党人必须具备的首要的政治品格。对党忠诚必须是纯粹的、无条件的，只有绝对，没有相对；只有100%，没有99%。一个人只有才华，没有忠诚不贰的精神，很难在你从事的事业中获得长足发展。忠诚表现为强烈的发自内心的归属感，它让人们有心灵的寄托，对归属对象产生忠诚的情感，表现为对事业的执着追求。

黄克诚被誉为"共和国最耿直的开国大将之一"，当之无愧。在60多年的革命生涯中，他历尽艰辛、屡经坎坷，对党的忠诚就从未改变过。他不盲从，不苟同，坚持真理，始终保持刚正敢言、为党为民无私无畏的高尚品德。

对党忠诚是中国共产党的立党原则，是共产党人首要的政治品质。天下之德，莫过于忠。"石可破也，而不可夺坚；丹可磨也，而不可夺赤。"（《吕氏春秋·诚廉》）对党忠诚就是对党高度信任、绝对跟随，自觉践行党的宗旨，对党中央要求的必须做到，党中央禁止的坚决不做，在对党忠诚上不打折扣。对党忠诚，必须体现到对党的信仰的忠诚上，体现到对党组织的忠诚上，体现到对党的理论和路线方针政策的忠诚上。习近平总书记指出："对党绝对忠诚要害在'绝对'两个字，就是唯一的、彻底的、无条件的、不掺任何杂质的、没有任何水分的忠诚。"在现实生活中，有些投机分子本不信马列，只是把入党当作跳板和捷径，谋求个人私利。有的领导干部拉山头、搞派系、编织"小圈子"，大搞人身依附、权力依附，看似忠诚于某些人，实则是对党的不忠诚。要坚决反对与党中央唱对台戏、阳奉阴违的人，反对心术不正甚至有政治野心的人。列宁说："徒有其名的党员，就是白给，我们也不要。"

以信仰厚植忠诚、以立场砥砺忠诚、以纪律捍卫忠诚、以担当诠释忠诚，始终是共产党人擦亮忠诚底色的不变要求。 习近平总书记强调："我们党一路走来，经历了无数艰险和磨难，但任何困难都没有压垮我们，任何敌人都没能打倒我们，靠的就是千千万万党员的忠诚。"党章第三十五条规定："党的干部是党的事业的骨干，是人民的公仆，要做到忠诚干净担当。"对党忠诚是绝对的、纯粹的、无条件的、不掺杂任何杂质，必须一心一意、表里如一、不改其心、不移其志、不毁其节、忠贞不渝。

一个忠诚的人，必然是守纪律的人，必然是自我约束力极强的人。要学会克制自己的欲望、控制自己的行为，做到合理、合法、合适。忠诚必须要有服从意识，忠诚是人的操守的象征。这种操守需要时刻警惕自己，时刻提醒自己坚持做人的原则。忠诚是中华民族推崇的道德品质，也是人们衡量人品的基本标准之一。当外界出现各种诱惑或者受到某些压力时，忠诚的人能够坚守，可以抵制诱惑、扛住压力。

忠诚不是时髦的口号、道德的标签，而是心中的信念、脚下的行动和恒久的坚持。 忠诚不是一时一事，而是一生一世。它使生命焕发光彩，让平凡变得神圣。高明的领导宁可用忠诚而缺少能力的人，也不用不忠诚而有能力之人。只要忠诚于自己所选择的事业，永葆忠诚之心，现在没有能力的将来可以培养出能力；但如果不忠诚，背信弃义，能力只能成为危害事业的武器。从这个意义上讲，忠诚比能力要重要得多。

忠诚是领导干部的党性原则。党的八大第一次将"对党忠诚老实"作为党员的义务写入党章。忠于党、忠于信仰，要自觉加强政治历练，接受严格的党内政治生活淬炼，不断提高政治判断力、政治领悟力、政治执行力，时常打扫思想上的尘埃、检视作风上的弊病、纠正行为上的偏差，不断锤炼坚强党性。

忠诚是党性纯洁的重要标志，是权力运作过程中所展现出的一种德行素质，彰显党政干部的官德、政德、美德。领导干部有智慧、很勤奋固然可贵，但还有更珍贵的东西，那就是忠诚。忠诚不仅是一种政治伦理，更是一种思想境界，是惠及他人的一种大德。有了忠诚，有限的生命就不会枯萎。

做一个忠诚的人要严于律己、宽以待人，正确对待自己、对待组织、对待同志，在合作共事中加深了解，在相互支持中增进团结。要健全党内民主生活，从团结的愿望出发，积极开展批评和自我批评，坚持真理、修正错误，沟通思想、化解矛盾。同志之间要多看对方的长处、包容对方的短处、体谅对方的难处、记着对方的好处，不说不利于团结的话，不做不利于团结的事，真正做到团结共事、合作共事、和谐共事。

自身价值的创造和实现，依赖于忠诚。忠诚是一种责任。责任源于忠诚，忠诚激发责任，体现敬业精神。秉持什么样的政绩观，是衡量领导干部是否忠诚履职、能否正确对待群众、能否正确对待组织的试金石。忠诚作为一种尽责意识，受理性力量的驱使，是履行责任的态度和行为。

忠诚是一种敬畏，源于内心，同自觉性高度一致。只有对忠诚带有敬畏之心的人，才会忠于自己的理念、信念、信仰，做到永远忠诚。《把信送给加西亚》讲述了100多年前，一名美国陆军中尉罗文受命去给古巴丛林中的加西亚将军送一封信。面对狂风巨浪，罗文没有退缩；面对敌军的碉堡、大炮以及巡逻兵的封锁，他没有被吓倒。最终，他战胜了重重困难，完成了艰巨任务。麦金莱总统在公开信中这样表扬罗文："我欣赏罗文，不仅为他的勇敢，还为他的敬业和忠诚。他无限地忠诚于国家，无限地忠诚于职守，为美国赢得了崇高的声誉。"加西亚将军对罗文高度赞赏："他是一个正直、勇敢、忠诚，并且为了完成使命而不惜牺牲生命的人。"

忠诚是一种政治品质、一种坚定信念、一种思想境界，能给人以信赖感。忠诚对领导干部的世界观、道德观、权力观的形成具有根本影响，表现为对归属对象具有强烈的发自内心的归属感，以及对事业的执着追求。忠诚这一道德规范和价值取向，会帮助领导干部赢得组织和群众的信任，使他们拥有良好的"无形资产"，让他们的才华有一个充分施展的天地。

吟诗是个技术活

朱元璋有次微服外出，路上遇到一个叫彭友信的贡生。当时正好雨过天晴，天空出现了一道彩虹。朱元璋兴之所至，信口吟了两句："谁把青红线两条，和风和雨系天腰？"彭友信听到后灵机一动，接道："玉皇昨夜銮舆出，万里长空架彩桥。"把朱元璋比作"玉皇"，说"万里长空架彩桥"的就是他这位"昨夜銮舆出"的"玉皇"。朱元璋龙颜大悦，封彭友信为布政使。

例说

修身立德

修身立德　行稳致远

中国传统文化历来把修身看作做人、做事、做官的基础和根本。"君子为政之道，以修身为本。""人无德不立，业无德不兴，国无德不威。"领导干部越是居于高位，越要注重修身、为政以德；越是取得成功之时，越要谨言慎行。

坚持修身为本，从中华优秀传统文化中蕴含的修身思想中汲取营养，走稳走实每一步。修身，亦即修养身心、涵养德行、陶冶情操。"修"的原意是"切磋琢磨"。《诗经》中说："有匪君子，如切如磋，如琢如磨。"谦谦君子的好人品，如同经过雕琢的金石美玉。"养"的本义是指涵养性情或陶冶情操，求其粹美。修养包括的范围较广，有思想、政治、德行方面的修养，有待人、处世方面的涵养，有知识、技能方面的造诣。老子说："上善若水，水善利万物而不争。"道德完善的人，像水一样甘居人下，滋润万物，使它们尽情生长而不图回报，甘于让人，宠辱不惊。老子这种"不争"的人生态度，要求人们顺其自然，不与人争名争利。这样做表面上似乎吃了亏，实际上能提高自己的道德修养，让自己变得高尚，赢得别人的尊敬。

古人所推崇的"修齐治平"，将修身排在第一位。修身是指一个人在道德上的自我修养和在人格上的自我完善，体现的是对社会成员为人方面的规定。儒家高度重视修身的作用，认为修身是实现其所倡导的"内圣外王"理想与追求的根本，"成其身而天下成，治其身而天下治"（《吕氏春秋·先己》）。为官者要"修其心，治其身，而后可以为政于天下"（王安石：《洪范传》），"先修身而后求能"（《围炉夜话》），客观地指出了人的修养、品行是极为重要的。《论语》中就说要"修己以敬""修己以安百姓"。中华传统文化向来提倡立德修身，培养高尚的道德情操，并认为立德修身是一个人成长、成才的基础与前提。

治国平天下，是立德修身的延伸和体现。通过内心的自我修养达到至善至美的高尚境界，推广到齐家治国平天下。习近平总书记说："古人所推崇的修身齐家、治国平天下，修身是第一位的。我们共产党人更应该强化自我修炼、自我约束、自我塑造，在廉洁自律上作出表率。"①他引用"修其心，治其身，而后可以为政于天下"，强调干部加强自身修养的重要性，可以说是为政的基本条件。

"身修而后家齐，家齐而后国治，国治而后天下平。"《大学》有修身、齐家、治国、平天下的人生进阶，《论语》提出"为政以德"和修养成为君子的修身思想，以及"政者，正也""厚德载物""博施济众""修己安人"的思想，都蕴含着修身立德的智慧，是领导干部修身养性、涵养政德的重要思想源泉。"人可一生不仕，不可一日无德。"（《围炉夜话》）切莫在推杯换盏中麻醉自己，绝不在利益诱惑面前出卖自己。

"先修身而后求能。"没有良好的人品官德做底子，是干不了大事的。一个品行不端的人，仕途上也许能够上升到一定层面，但经不起时间的考验，迟早要栽跟头。共产党员尤其是领导干部的道德之所以重要，就在于它对整个社会道德具有引领作用。如果我们的社会道德沦丧，没有了礼义廉耻，那么社会就会因失去道德支撑而彻底败坏，国将不国。

2004年6月，辽宁省金秋医院住院楼一楼护士站，贴出了一封"六

---

① 习近平：《办公厅工作要做到"五个坚持"》,《秘书工作》2014年第6期，第4—8页。

不"公开信，作者是辽宁省委原第一书记郭峰。他因肺癌复发住院治疗，老战友、老同事得知后纷纷前往看望。为了婉拒大家送慰问金、保健品、进口水果等钱物，郭峰便草拟了这封公开信，贴在护士站。大家看到后，无不赞叹郭峰严以修身的高尚情操。

有理想、敢担当的领导干部要把修身立德作为必修课。领导干部的党性修养、道德水平，不会随着党龄工龄的增长而自然提高，也不会随着职务的升迁而自然提高，必须强化自我修炼、自我约束、自我改造。习近平总书记很重视对传统修身思想的继承和弘扬。他指出："中华民族是一个高度注重克己修身的民族，在这方面我们的祖先留下了大量宝贵的思想遗产。"[1]他明确要求领导干部"通过研读优秀传统文化书籍，吸收前人在修身处事、治国理政等方面的智慧和经验，养浩然之气，塑高尚人格，不断提高人文素养和精神境界"[2]。

一个人的道德修养高了，他的法纪意识才有可能提高。道德是内心的法律。高尚的思想道德品质是领导干部做到清正廉洁的基础。无论制度设计多么严密完善、行政执法多么谨慎严格，能否真正做到清廉守正、俯仰无愧，都在于领导干部自身能否秉持道德操守、守住思想底线。修身立德从来不是虚无缥缈的，而是走向事业高峰的重要保证。王安石说过："修其心治其身，而后可以为政于天下。"有的领导干部遇到了诱惑，便将德行、原则、气节都丢在了脑后，这样的人，德行是不完善、不真实的。真正的君子，无论身处何境，无论面对什么样的艰难困苦、受到什么样的诱惑，都能恪守道德原则，不会有一丝松懈。正如孔子所言："芝兰生于深林，不以无人而不芳；君子修道

_____

① 习近平：《领导干部要认认真真学习 老老实实做人 干干净净干事》，《学习时报》，2008年5月26日。

② 《习近平党校十九讲》，中共中央党校出版社2014年版。

立德，不为穷困而败节。"

修身立德，是决定领导干部所能达到的人生境界的标尺。岁月的磨炼，灵魂的雕琢，是"天降大任于是人，必苦其心志"的考验与预演。龙先林在《修养，灵魂的雕琢》一文中说："对于人来说，修身养性，就是对灵魂的雕琢……这，需要学习，请教，借鉴，检省，更需要接受生活的历练，获得经验教训的启导，提高自悟能力，以雕琢自己的粗砺，淬炼自己的脆弱，成熟自己的青涩。……有碍灵魂纯洁，高尚提升的偏私、嫉妒、虚荣、虚伪、隐瞒、算计、狭隘、脆弱、急躁、愚昧等等俗念、恶习、丑行、弱点都是灵魂'多余的部分'，都需要无情地剔除、清理、抠（挖）掉，而好德、无私、善心、容纳、务实、奉献、坚强、稳重、宁静、勇毅、聪敏、高尚、尊敬、宽怀等等优质品性，则需要凸现、彰显、扩展、展现、弘大、张扬起来。"

培养和保持良好的道德，是一个实践的过程，具有很强的实践性，不能仅仅停留在思想认识的层面，不能只停留在口头和书面。王阳明说"人须在事上磨，方立得住"，指的就是在践行中不断磨砺，不断提高。领导干部不忘初心，坚守正道，强化品德修为，这就决定了领导干部道德修养要见之于实践，必须在实践中加以贯彻和升华，做到明大德、守公德、严私德，要通过立功实现立德。

我们强调坚持德才兼备、以德为先，就是说要把思想道德建设放在十分突出的位置。习近平青年时期和早期从政时期就非常重视修身立德。在梁家河期间，他就"给自己定了一个座右铭，先从修身开始"①。那时的习近平不仅立下了远大的志向，而且经受了基层实践的锤炼，树立了为人民做实事的人生目标和信念。

---

① 朱永新：《新时代新人才新要求》，《学习时报》，2019年8月2日。

　　修身崇德从来不是领导干部的私事，从来不是细枝末节的问题。在小事、小节上过不了关，在大事、大节上就很难过得硬。越是常人不易觉察之处，越能看出一个人的品性；越是琐碎细小的细节，越能彰显一个人的修养。因此，领导干部必须强化"严"的意识，从小事小节做起，任何时候都不放过。《资治通鉴》记载，汉武帝"诏举贤良方正直言极谏之士"，策问"古今治道"。董仲舒对曰："尽小者大，慎微者著。"意为在许多小事上努力，才能成就大事业；在诸项小节上谨慎，方可德行显耀。

　　小事小节并不小，小是量变之始、质变之源。《淮南子·缪称训》说得好："君子不谓小善不足为也而舍之，小善积而为大善。"意思是有道德有修养的人，不认为小的好事不值得去做而舍弃它，小的好事积累起来就成为大的好事。焦裕禄从不放过生活中的点滴小事，曾经批评妻子到公共食堂提了一壶开水。他得知儿子"看白戏"，不仅严厉批评、补交票款，还带领县委一班人推出了干部"十不准"的规定。由此观之，领导干部应当而且必须防微杜渐，从小处入手，从小事做起，从身边做起，从衣食住行做起，"勿以善小而不为，勿以恶小而为之"，培育自己的良好品德。

　　修身崇德无小事，小事小节中有党性、有操守、有人格。小事不可小视，小节不可失节，小事小节涉及党性原则。许多违纪违法的领导干部，并非一开始就大搞贪腐、欲壑难填，而是先从一瓶酒、一顿饭等看似小事小节的问题上被打开了缺口，渐渐走上了腐化堕落的道路。习近平总书记在2022年春季学期中央党校（国家行政学院）中青年干部培训班开班式上指出："守住拒腐防变防线，最紧要的是守住内心，从小事小节上守起，正心明道、怀德自重，勤掸'思想尘'、多思'贪欲害'、常破'心中贼'，以内无妄思保证外无妄动。"

领导干部修身崇德，须常怀感恩之心。感恩不仅是一种处世哲学，更是一种境界、一种智慧。感恩犹如心灵的流泉，滋润着心田，让生命充满生机，遍洒阳光，能够帮助人们驱散消极和烦恼，享受生活的美好和幸福。

回顾参加工作和健康成长的经历，没有一个领导干部不是在组织的关怀下走到领导岗位的。没有组织培养和群众信任，任何人都不可能成长为领导干部。组织的批评好似一张香甜的烙饼，同事的忠告犹如一份精美的礼品，而父母的唠叨则是一首温婉的音乐。因此，对组织要有感恩之心，对同事要有关照之情，对群众要有关爱之怀。常怀感恩之心，便能与他人分享自己的所得，体会到愉悦的心情，人与人之间就会多些谦和、高尚、理解、温暖、可敬，少些傲慢、偏见、挑剔、隔阂、埋怨、冲突，便能感受人生的多彩和美好。

领导干部修身崇德，应以冷静态度对待嫉贤妒能之人。要关心、体贴嫉妒者，为他们排忧解难，帮助他们调整情绪、寻找快乐，鼓励他们为自己的工作加油，为别人的成功喝彩。老子有句名言："不敢为天下先。"不要同下属争名争利，凡事都抢先。印度思想大师奥修说过："玫瑰就是玫瑰，莲花就是莲花，只要去看，不要比较。"一件事的成功，来自方方面面的支持，名利都让一个人占了是不合情理的。要看轻身外之物的得与失。太在乎得失的人，被孔子斥为"鄙夫"。对于这种人，又何必斤斤计较呢?

崇尚拙诚　摈弃巧伪

关羽重诚信的故事，令许多人为之动容。论文才，关羽不如仲尼；论武功，关羽不如吕布；论谋略，关羽不如孔明；论地位，远逊于王侯。然而，关羽在中国和外国都有很高的知名度和美誉度。纵观二十四史，名将辈出，只有关羽被称为"帝"，尊为"神"。明清时期，关羽有"武圣人"之称，与"文圣人"孔子并立。关公的信徒之广、庙宇之多，遍布天下，举世无双。中国南方及东南亚一带，都把他敬为财神，并用最高的礼仪来崇拜。这是为什么呢？

关公称得上是重诚信、讲义气的楷模。刘、关、张自桃园结义后，始终同生共死，不离不弃。关羽下邳失守，曾约三事："降汉不降曹；礼待二嫂；一旦得知刘备下落，便当辞去。"曹操厚待关羽，三日一小宴，五日一大宴；曹操赠袍，关羽穿于衣底，上用刘备所赐旧袍罩之，不敢以新忘旧；曹操赠赤兔马，关羽拜谢，以为乘此马，可一日而见刘备。关羽为曹操解了白马之围后，挂印封金。为了寻找刘备，他千里走单骑，过五关斩六将，后来在古城与兄弟相会。

真诚守信是必须遵循的行为准则，是普天之下通行的行为准则，是必不可少的人生素质和工作素养。《礼记·中庸》中指出"君子诚之为贵"，把诚实视为做人最重要的品质。中国传统诚信观认为，真正的道德行为出于真诚，因而有诚方有德，有诚才有善。真诚的本义是坦诚相待，光明磊落，宁可憨而不巧。诚是信的根基，信是诚的外貌；诚则生信，无诚则无信。真诚守信是做人的基本准则，是最基础的价值观，其他良好的品德都是在真诚守信的基础上衍生的。王安石说："自古驱民在信诚，一言为重百金轻。"顾炎武说："生来一诺比黄金，哪肯风尘负此心。"

拙诚是人生的通行证，是初春的青草、雨后的彩虹、亮丽的风景线。从"诚"字的构成看，是言而成也，亦即言行一致，并且融入了人们执着的情感。雍正帝说："立身以至诚为本，读书以明理为先。"

蒙古族谚语说："心诚能感动卧牛石。"你做人实实在在，真诚地对待他人，人家才能够感受到你的真心诚意，真诚地对待你。

著名作家托马斯·J.斯坦利曾在《百万富翁的智慧》[①]一书中对美国1300位百万富翁进行了调查。在谈到成功秘诀时，这些富翁竟然没有一位将其归结于"才华"。大多数人认为，成功秘诀在于诚实守信、有自我约束力、善于与人相处、勤奋和有贤内助。其中，诚实守信被摆在了第一位。

世间有许多凭智慧得不到的东西，靠真诚却能得到。当你真诚地关怀他人时，他人也会真诚地为你着想。如果你对对方悉心关照，处处换位思考，他也会做点什么来回报你。只有至真至诚，方能成就事业、感动天地。我们希望别人对自己真诚，那么首先就要对别人真诚。知道别人欺骗自己但并不给人难堪，也不随便猜疑别人，仍然以诚待人，有这样的胸襟气度，就是一个贤达之人了。

苏轼与画家、收藏家王诜交往非常密切。王诜的妻子是宋英宗的女儿蜀国公主。王诜酷爱收藏，并将其集中存放在一栋小楼里，名曰"宝绘堂"，请苏轼作《宝绘堂记》。苏轼却以挚友的身份，通篇劝诫王诜不可玩物丧志，而应如老子与庄子般超然物外，不去计较得失之患，所谓"君子可以寓意于物，而不可以留意于物"。

王诜看了苏轼的"诤言"，并没有感到浑身不适，只是建议修改其中的"桓玄之走舸，王涯之复壁，皆以儿戏害其国，凶其身。此留意之祸也"这句话。苏轼并没有改变自己的"诤言"而刻意逢迎，而王诜也未再提改文之事。"乌台诗案"发生后，王诜不仅积极帮助苏轼，而且拒不交出苏轼诗文，并因此被削除一切官爵。由此可见，二人交

---

① 托马斯·J.斯坦利：《百万富翁的智慧》，中国大百科全书出版社2000年版。

往之真诚。

真诚待人是一种美好的品格，是一个人的立身之本、处世之宝，也是做人的第一要义。你把别人当亲人，别人也会把你当亲人；你快乐着别人的快乐，别人也会快乐着你的快乐；你爱护别人，别人也会爱护你。此乃人际关系中的一般规律。真诚无私的品德，能使一个外表毫无魅力的人增添许多内在吸引力。英国诗人乔叟说："真诚，才是人生最高的美德。"真诚是万美之根、生命之神。真诚感人至深，令人难以忘怀。

韶山毛泽东同志纪念馆珍藏着一套较完整的毛泽东的家庭生活账簿。在"生活费收支"报表中，有一项支出格外醒目：送章士钊2000元。这项支出从1963年一直持续到1973年。毛泽东为何每年给章士钊送钱呢？原来，1920年，毛泽东为了筹集建党经费及送部分同志赴法勤工俭学，曾经专门到章士钊家拜访。章士钊当即在上海工商界名流中筹集了两万银圆，全部交给了毛泽东。对于章士钊的义举，毛泽东很感动，表示这笔钱以后一定归还。

新中国成立后，毛泽东在与章士钊的一次谈话中诙谐地说："现在有稿费可以'还债'了。"1963年初，毛泽东与章士钊的女儿章含之闲聊中说起了这件事，说："你回去告诉行老，我从现在开始要还他这笔欠了几十年的债，一年还两千元，十年还完两万元。"没过几天，毛泽东的秘书果然给章士钊送去了两千元，并说："以后每年春节送上两千元。"章士钊十分不安，并以"当时的银圆是募集来的"为由推托。毛泽东却说："我这是用我的稿费给行老一点生活补贴啊！他给我们共产党的帮助，哪里是我能用钱偿还得了的呢？"就这样，从1963年起，每年大年初二这天，毛泽东都会准时派秘书把两千元送到章家，直至1973年7月1日章士钊病逝。

　　为人处世，如果没有真诚，华而不实，言而无信，看风使舵，媚上欺下，迟早会被人识破，遭人唾弃。李康《运命论》为巧伪的滑头画像："俯仰尊贵之颜，逶迤势力之间；意无是非，赞之如流；言无可否，应之如响。""取巧"实则"巧取"，尽管会占了便宜，却丢了名声，让人不信任。"百虑输一忘，百巧输一诚。"考虑百次，有一次忽略也可能失败；有百般机巧，缺乏真诚，也难以成功。正如林肯所说："最高明的骗子，可能在某个时刻欺骗所有的人，也可能在所有时刻欺骗某些人，但不可能在所有时刻欺骗所有的人。"

　　金海陵帝完颜亮在位 10 多年，常以狡诈手段获取臣民赞誉。他有时拿出破旧衣衫给身边大臣看，有时穿上打补丁的衣衫叫记注官看，以示生活俭朴。可是，他建一座宫殿耗资亿万，建成后却又不满意而拆毁。人们观察其全部作为，终于认清了他是一个无道昏君。完颜亮死后，被继任者贬为庶人，可谓自作自受。

　　"从政道德是一面镜子，只有天天用学习来拂拭，才能保持镜面整洁。"有的人待人不诚，做事不实，爱耍小聪明，看人下菜碟。据报道，有一位年轻干部当上正厅级领导干部后，工作不扎实，在班子里搞亲亲疏疏，对上级组织中能管住自己的人使出浑身解数接待，对管不了自己的有时面都不见，不久被调整了岗位。可是，他官复原职后，不仅没有吸取教训，反而放松了要求，搞起了腐败，最终受到了应有的惩罚。据报道，某地搞专题教育，要求领导干部人人写一篇心得体会。有人在网上下载整理了一篇文章，结果在总结大会上受到领导的表扬。会后，许多同志争相借阅学习。不料被人发现这篇文章是从网上抄袭的，上网一对照，全文只删改了 11 个字。查实后，这名干部受到了严厉批评。

　　真诚待人，不仅会得到他人的信任，而且会与他人建立起沟通心灵的桥梁。无论在什么环境下，无论单位风气如何，只要始终待人真诚，多做好事，就会得到组织的信任和群众的认可。诚信之"诚"是诚心诚意，始终如一；诚信之"信"是说话算数，信守诺言。诚信缺失，不仅会自我欺骗，也必然会欺骗他人。这种自欺欺人既毁坏了健全的自我，也会摧毁良好的人际关系。因此，诚信是一个人立身之本、廉洁之本、处世之宝。

涵养家国情怀

习近平主席在2024年新年贺词中说："泱泱中华，历史何其悠久，文明何其博大，这是我们的自信之基、力量之源。"两个"何其"用得蕴含深情和自信。多少沧桑付流水，家国情怀存心中。家国情怀是"庑尽风霜节，心悬日月光"，是"壮志饥餐胡虏肉，笑谈渴饮匈奴血"，是"王师北定中原日，家祭无忘告乃翁"，是"粉身碎骨浑不怕，要留清白在人间"。如同艾青所言："为什么我的眼里常含泪水？因为我对这土地爱得深沉。"

爱国是人世间最深层、最持久的情感，是一个人的立德之源、立功之本。家国情怀是一个人对国家和人民所表现出来的深情大爱，是对祖国富强、人民幸福所展现出来的理想追求。祖国就是我们的母亲，祖国赐予我们生命的力量。《礼记·儒行》中说："苟利国家，不求富贵。"戊戌变法的主要人物之一梁启超说："美哉我少年中国，与天不老！壮哉我少年中国，与国无疆。"这种极其朴素、真挚而深厚的感情，体现了对生于斯，长于斯的父母之邦的忠诚，使我们为祖国的繁荣和强盛而欣慰，为祖国的贫弱和不幸而忧愁，并心甘情愿地把自己的前途命运同祖国的荣辱兴衰联系在一起。

家国情怀是中华优秀传统文化的核心价值理念之一，是支撑中华民族薪火相传、团结奋斗的精神力量。领导干部的生命体验应当始终与家国紧密相连。爱国、奉献，重在践履，贵在立行，从来都是实实在在的具体行动，需要用热血绘就，用奋斗书写赤诚报国。这些都是家国情怀深层次的文化心理密码。100多年来，中国共产党人舍家为国、舍己为人的无私壮举，构成了社会的精神脊梁，也筑起了国家的价值高地。

源远流长的历史长河中，爱国主义情怀是建立在普遍的文化认同基础上的。有一首诗《那是我的祖国》深情地写道："我的祖国，是唐诗里的江枫渔火，点缀着生命的起伏韵仄。我的祖国，是宋词里的千里烟波，涤荡着世代风流的诗意中国。……那是我的祖国，每一寸疆土，都深刻着文明的脉络。那是我的祖国，每一条河流，都流淌着智慧的浪波。"中华优秀传统文化是中华民族的精神命脉，是涵养社会主义核心价值观的重要源泉，是爱国主义教育的"精气神"所在。我们要增强文化自觉和文化自信，让爱国主义精神牢牢扎根，让爱国主义精神代代相传、发扬光大。

领导干部学习祖国的历史，是增强爱国主义情怀的一个重要途径。培养爱国主义感情，激发振兴祖国的雄心壮志，努力成为国家事业发展的栋梁之材，就要学习祖国的历史，热爱祖国的光荣传统。了解祖国的过去，才能倍加热爱、珍惜祖国的现在和未来。一部中国近现代史，就是中华民族奋发图强、自立于世界民族之林的历史，就是中国人民争取国家独立、民族解放的历史。从1840年英国用坚船利炮轰开中国大门到中国共产党诞生前的80年间，中华大地曾饱受帝国主义的铁蹄践踏，备受东西方列强的霸凌欺辱。"百年魔怪舞翩跹"，国家蒙辱，人民蒙难，文明蒙尘。

1935—1955年，钱学森在美国度过了20年，在航空科学上取得了卓越的成就，成为有名的火箭专家。钱学森说："我在美国前三四年是学习，后十几年是工作，所有这一切都在做准备，为了回到祖国能为人民做点事——因为我是中国人。"

1949年，钱学森得知新中国成立后，顿时沉浸在极大的喜悦之中。他打定主意，要尽快回到魂牵梦萦的祖国。1955年，钱学森在回国的游轮上激动地说："今后我将竭尽努力，和中国人民一道建设自己的国家，使我的同胞能过上有尊严的幸福生活。"此后，一项项重大科技成果、一个个重要科学贡献，在钱学森为实现国家富强的奋斗过程中产生。它充分说明了这样一个道理：中国的知识分子只要把自己的命运和振兴中华的伟大事业结合在一起，他们的人生价值就是无法用具体数字估量的。

爱国情感是凝聚民族力量、推动社会进步的精神动力，也是领导干部树立正确政治信仰的基础。爱国主义自古以来就流淌在中华民族血脉之中，爱国情感的浓淡直接关系民族生命力的强弱。热爱祖国、报效祖国的方式有千万种，最美的是为祖国不懈奋斗的样子。不忘初心、忠诚报国，是根据追求的目标献出全部精力乃至整个生命的心态和行为，体现了鞠躬尽瘁，死而后已的精神，表现为忠于职守、默默耕耘的品格。

第一次国内革命战争失败后，杨匏安以中央监察委员会委员身份出席八七会议，受命协助广东党组织接应南昌起义部队南下，并在国民党部队中开展统一战线工作。正当杨匏安冒着危险为革命事业四处奔波之时，"左"倾盲动主义在党内取得了支配地位。在中央临时政治局扩大会议上，杨匏安被指责为"机会主义"，受到留党察看的严厉处分，还被撤销了中共中央监察委员会委员的职务。在这种情况下，杨匏安对共产主义和共产党的信念依旧坚定不移，没有怨言也没有消沉，奉命到国外完成了党交给他的任务。1929年，他回到上海，参与党报、党刊的编辑出版工作。

1930年，杨匏安担任中共中央农民运动委员会农民部副部长。他身患肺癌，家庭人口又多，日子过得极为艰难，七个孩子中竟有两个因无钱治病而夭折，但他深知党正处在危难中经费紧张，从不向党组织叫苦、伸手，总是自己想办法克服困难。此时，杨匏安白天在党报秘密机关当编辑，晚上写作译书赚稿费补贴家用。他编译成的20万字的《西洋史要》，是国内第一部用历史唯物主义观点写成的西方史著作。那时出版革命书籍发行困难，稿费很低，杨匏安还要经常帮家人推磨做米糍，让老母和孩子清晨上街叫卖，以此换点儿钱维持全家的生活。

100多年来，一代代中华儿女弘扬爱国主义情怀，在党的领导下，自强不息、艰苦奋斗，书写了民族复兴的伟大篇章。新中国成立后，以钱学森、邓稼先、郭永怀、黄旭华等为代表的老一辈科技工作者，用自己的忠诚和担当、智慧和才能、奉献和牺牲书写了担当使命、奉献报国的奋斗之歌。无数青年把对祖国、对党、对社会主义的朴素而真挚的情感转化为走好新时代长征路上的磅礴力量，激荡起创造历史、乘风破浪的强大底气和自信。

邓稼先出身于安徽省怀宁县的一个书香门第。他的父亲邓以蛰是我国著名的哲学家和教育家，当时在北京大学任教。1947年，邓稼先参加赴美研究生考试，一考即中。1948—1950年，他在美国普渡大学留学，获得物理学博士学位。此时，他只有26岁，人称"娃娃博士"。他并没有被美国的优越生活和工作条件所诱惑，毕业后谢绝了恩师和同校好友的挽留，毅然回到一穷二白的祖国，践行了他的诺言："我学成后一定回来。"

1956年4月，他加入了中国共产党。1958年8月的一天，中国科学院原子能研究所的一位领导对邓稼先说："钱三强同志极力推荐你参加一项秘密工程——搞原子弹。"邓稼先听到这番话，兴奋得几乎要跳起来。8年前，他在美国普渡大学获得博士学位，为的不就是报效祖国吗？

1958年10月的一天，邓稼先告别妻子和两个幼小的儿女，和一大批科学家被调去研究原子弹。那天晚上，他对妻子说："我的生命就献给未来的工作了，做成了这件事，我的一生都会过得很有意义，就算死了也值得。"

谁也不曾想到，他一走便是杳无音讯的28年。在茫茫大漠荒滩中，他苦干惊天动地事，甘做隐姓埋名人，为中国核武器事业耗尽了毕生心血。有时，从夜里搞到凌晨三四点钟，他就和衣躺在办公室的长椅上休息，天亮后又继续投入工作。他冒着酷暑严寒，在试验场度过了整整8年的单身汉生活，有15次在现场领导核试验，从而掌握了大量的第一手资料。1964年10月16日下午3点30分，一朵耀眼的蘑菇云，在中国新疆罗布泊的沙漠中腾空升起。中国成功爆炸的第一颗原子弹，就是由他最后签字确定了设计方案。随后，他率领研究人员迅速进入爆炸现场采样，以证实效果。

原子弹试验成功后，他立即组织力量，探索氢弹设计原理，选定技术途径，使氢弹的研制和试验取得了实质性进展。1967年6月17日，中国成功爆炸了第一颗氢弹，震惊了世界。从原子弹到氢弹，法国用了8年，美国用了7年，苏联用了10年，而中国仅用了两年零八个月，创造了世界最快的速度。

1986年7月16日，国务院授予他全国五一劳动奖章。同年7月29日，时任国防科工委科技委副主任的邓稼先，病逝于北京。临终前，他念兹在兹的仍是"不要让人家把我们落得太远"。1999年，在中华人民共和国成立50周年之际，党中央、国务院、中央军委追授邓稼先"两弹一星"功勋奖章。

领导干部多一些家国情怀，乃国之幸、党之利、民之福。家国情怀是一种对国家的高度认同感和归属感、责任感和使命感的体现。一个共产党人爱的最高境界是爱人民。"县委书记的好榜样"焦裕禄，一辈子"心里装着全体人民，唯独没有他自己"。1964年他因肝癌病逝，直到临终前，牵挂的还是广大人民群众："我死后只有一个要求，要求组织上把我运回兰考，埋在沙堆上。活着我没有治好沙丘，死了也要看着兰考人民把沙丘治好。"

领导干部应当树立以天下为己任的家国情怀，以国为重，常思国之兴衰；以民为重，常念民之冷暖。无论时代如何变迁，环境发生多大变化，家国情怀依然是人世间最深邃、最持久、最高尚的情感。领导干部应当不忘初心，践行使命，不畏艰难向前方，从而把亲爱的祖国变得更加美丽富强，谱写新时代的华章。多一些家国情怀，就会少一些个人的卑琐与私利，多一些崇高和大气，就会孕育出自强不息的精神，迸发出排山倒海的伟力，以一生的矢志奋斗来报效祖国、奉献人民。

虚怀若谷莫骄矜

《易经·卦辞》曰："谦，亨，君子有终。"意思是，谦虚而不自满，有德而不自夸，有功而不自居，就是亨通之道，这是君子应终身奉行的美德。谦卑抱朴是一种智慧，是为人处世的黄金法则。谦卑没有职业的区分，没有年龄的分别。牢记圣贤语，得志须谦虚。对于领导干部来说，表现谦和，卑以自牧，含章可贞，不仅是一种为人处世的准则，也是增强自我领导统御力的路径。

在成就辉煌、位高权重之时，更需要以谦抑为上，自我节制、自我调控，筑起抵御骄傲的防线。一些领导者忌讳下属自表其功，自申其能。当年刘邦问韩信："你看我能带多少兵？"答曰："陛下带兵最多不过十万。"刘邦又问："那么你呢？"韩信说："我是多多益善。"本来疑心就大的刘邦听到韩信说他不行，怎么能不耿耿于怀？虚心自知，是医治骄慢的一剂良方。不用自己的优势和长处去比别人的不足，不被赞美冲昏头脑，虚心地听取别人的意见，关心别人的感受和反应。

在王阳明看来，做人当少傲多谦，太自满、太傲慢，以一副倨傲的面容对人，反而容易让人看不起，谦虚的人才会受尊敬。王阳明有言，人生最大的毛病就是傲慢。他在写给养子王正宪的信中说："今人病痛，大段只是傲。千罪百恶，皆从傲上来。傲则自高自是，不肯屈下人。故为子而傲，必不能孝；为弟而傲，必不能弟；为臣而傲，必不能忠。象之不仁，丹朱之不肖，皆只是一'傲'字，便结果了一生，做个极恶大罪的人，更无解救得处。汝曹为学，先要除此病根，方才有地步可进。"[1]

成功与智慧总是与谦虚作伴，而无知总是与骄傲为伍。李自成是个平民英雄，意志坚强，领导农民起义军以星火燎原之势迅速发展到百万之师，随后又指挥百万大军以摧枯拉朽之势，横扫大半个中国，推翻了腐朽的明王朝，建立了大顺政权，确实让人惊叹。经得起枪林

---

① 王守仁著，王晓昕、赵平略点校：《王文成公全书》，中华书局2024年版，第339页。

弹雨考验的李自成，在巨大的成功面前，没有看到内忧外患，迅速滋长了骄傲自满、盲目乐观、麻痹轻敌、不思进取的思想和作风，最终一败涂地，给后人留下了深刻的教训和无尽的喟叹。

懂得谦卑抱朴的人，每逢大事有静气，往往更易得到人们的尊重和敬佩。卫青可以说是从奴隶到将军的典型。他有才能、不专权、重修养，并没有因为姐姐卫子夫受到宠幸而骄傲，也没有因为多次击败匈奴而擅权，因此深得汉武帝的信任，成为历代功臣的表率。汲黯常犯颜直谏，被汉武帝称为"社稷之臣"。卫青不挑汲黯"不跪拜"的理，还登门拜访，主动与他交朋友，多次恭敬地向汲黯请教朝廷中的疑难问题。正如清人姚柬之《汲黯》云："中朝说论久无闻，一语犹能感圣君。可惜经生汉丞相，不如奴子卫将军。"

1949年3月23日，毛泽东、朱德、刘少奇、周恩来等率中共中央机关和人民解放军总部人员离开西柏坡，踏上进京的征程。临行前，毛泽东兴奋地对周恩来说："今天是进京赶考的日子。进京'赶考'去，精神不好怎么行呀？"周恩来笑着说："我们应当都能考试及格，不要退回来。"毛泽东意味深长地说："退回去就失败了。我们决不当李自成，我们都希望考个好成绩！"

1941年"八一"建军节，贺龙参加了兴县文艺晚会。其间，一位少年诗人朗诵了自己的新作："我要讲一个英雄的故事，这个故事就是南昌起义，这个英雄就是贺老总！"贺龙亲切地对他说："小鬼，你这一句话不对头啊！南昌起义主要领导人是周恩来副主席，还有朱德、刘伯承、聂荣臻同志，那时我还不是共产党员呢，能算什么英雄？不过你的朗诵挺有感情，回去好好改改，再朗诵……"

请记住：当你的职位提升、取得成绩时，仍要谦卑，感谢他人，与人分享，这正好让他人吃下了一颗定心丸。你不分场合，大露锋芒，表现自己，流露出优越感，会使你的同志、朋友感到你忽视了他的存在，是在有意炫耀自己，一旦他的自尊心受到挫伤，那么往往只有两个结果：要么疏远你，要么排挤你。

在现实生活中，有的干部沾染了傲气，官升脾气长，自视甚高，以为自己是"何等人物"。 傲气通常表现为自命不凡，一切以自我为中心，是一种盲目的自高自大。这种人目中无人、眼高于顶，不懂得"山外有山，天外有天"。人一旦骄傲，必然导致能力停滞不前，自以为"一览众山小"，实际上是因为"孤芳自赏时，天地便小了"。烟台市原副市长王国群，非法收受现金、银行卡等，共计折合人民币438万余元，被判处有期徒刑14年。王国群有过这样的忏悔："那年，烟台市政府荣获联合国人居奖，我去现场参加了颁奖仪式，并接受央视《新闻联播》节目专访，从那个时候起，我滋长了骄傲情绪。"

事物总是处于不断的变化中，所以不要陶醉于一时的得意。 力戒骄傲，是人生成功的要义。把自己看高了，总把自己太当回事，就会有失落感。把自己当作常人看，有一种平常心，有一种平民意识、公仆意识，兢兢业业以自持，是一个处于优势地位的人所应有的远见。把自己看低点，把自己当作一粒尘土、一颗石子，就会发现面对的世界多么广阔。一位作家有言："如果把人比作物来看，你就像一把壶，用来装茶，你就是茶壶，清香扑鼻；用来装酒，你就是酒壶，芬芳四溢；用来盛尿，你就是夜壶，臭不可闻。"谦虚有礼，低调做人，方能游刃有余。

一个人只能在某些地方用足自己的力气，获得长足的进展，而在你无暇顾及的地方，你必然不如那些在这些地方下足了功夫的人。骄傲的人往往对自己估计过高，自尊心过强，爱用自己的优点比别人的缺点，觉得别人比自己差，老子天下第一。一旦别人超过自己时，他就会生气，甚至嫉妒。印度有句俗语："没有见过高山的骆驼，总以为没有比自己更高的东西。"殊不知世界上有才干而又谦虚的人多得很，根本没有离了谁地球就不转的事儿。

懂得谦逊的人是懂得积蓄力量的人。谦逊能够避免给别人造成太过张扬的印象。古人云："登高者必自卑，行远者必自迩。"谦卑的人会逐渐变得高贵。谦虚使人信服，骄傲使人反感。功成名就需要一种谦逊的态度，自觉地在名利场中做看客，保持心灵的自由、纯净，开拓广阔心境，缔造完美人生。朱熹说："谦固美名，过谦者，宜防其诈。"领导干部保持谦虚，也是对自身个人素质的一种提升。切记：不可孤芳自赏、恃才傲物，对能力水平不如自己的人恶语相向，而对别人的长处却漠然置之、不屑一顾，长此以往，只能成为孤家寡人。

才分很高的人，应适当地隐藏自己的实力，谨记锋芒适露，露才应适当。有才干本是好事，是事业成功之基础，在恰当的场合显露出来也是必要的，但如果时时处处展示才华，过分地表现自己，就不是智者所为了，这往往会招致嫉恨，导致事业受挫。成功者不妨说说自己"走麦城"的时候，地位高的人不妨向地位低的人展示自己的弱点，术业有专攻的人不妨说一下自己在其他领域的不足。如此一来，则强者自会成为长久的赢家，弱者则能感受人格上的平等，心理上得到平衡。

有人说，谦虚是一种风景，骄傲是一种陷阱，确有道理。陈毅同志诗云："九牛一毛莫自夸，骄傲自满必翻车。历览古今多少事，成由勤俭败由奢。"所以，不可自恃特殊，切莫沉迷于一时的成功，不要陶醉于一时的得意，而是始终保持一种谦和情怀，平等待人，兢兢业业。即使天时、地利、人和都具备时，即便职位晋升、"仕途"顺畅时，也要谦虚，不与人争功，不与人争利。即使得志、受宠，仍要保持平静，以柔弱示人，回归到质朴状态。这是一种行为方式，也是一种生存智慧，是成事的切入点。

应随时随地、恰如其分地选择适合自己的位置，起点不要太高。对自己的人生价值应有正确定位，培养谦虚谨慎的品格、温和诚恳的品格，把群众视为智慧主体。在世间万物中，一个人拥有的东西很渺小，好比一片树叶之于森林，一颗星星之于宇宙。所以，无须炫耀自己。无论是"居庙堂之高"，还是"处江湖之远"，要多点揽过，少点争功，出了差错多检查自己的责任，把"我"摆在前面；有了成绩多看别人做的工作，多说一个"我们"。永葆"傲骨"，也要学会"低头"，乐于把自己当作泥土，永远不把自己视为珍珠。

1842年马克思在主编《莱茵报》时，经常面对许多争议极大的问题。马克思是学法律的，他坦率地承认自己缺乏政治经济学的知识，因而总是听取别人的意见，虚心向别人请教，尊重人家的不同看法。他在写《资本论》和其他著作的过程中，经常写信征求恩格斯的意见。他曾谦虚地对恩格斯说："你知道，在事物的理解上，我总是迟缓的，总是跟在你的后头。"

恩格斯同样非常谦逊。他认为自己一生所注定要做的事，是拉第二小提琴，而马克思才是出色的第一小提琴手。在马克思逝世的第二年，他在给一位老朋友的信中说："当现在突然要我在理论问题上代替马克思的地位去拉第一小提琴时，就不免要出漏洞，这一点没有人比我更强烈地感觉到。而且只有在更猛烈的狂风暴雨时期来到时，我们才会真正感受到失去马克思是失去了什么。我们之中没有一个人像马克思那样高瞻远瞩，在应当迅速行动的时刻，他总是作出正确的决定，并立即打中要害。"①当许多革命者、战友、同志高度评价他的功绩时，恩格斯总是对人说，人们对他的尊敬应当属于马克思，加在恩格斯身上的功绩大于应该属于他的，他自己只是靠着马克思才获得了荣誉。

做人要实，朴实无华，谦卑浑厚，踏实努力，不逞才华，笑看花开花落，静观云卷云舒。天不言自高，地不言自厚。山不炫耀它的高度，并不影响它耸立云端；海不张扬它的深度，并不影响它容纳百川，这是上等的官德修养，需永远铭记于心，付之于行。人们遇到风景时，就会趋近观看、欣赏。如果人人都谦虚谨慎，那一个个风景该是多么美好。你谦虚待人，一视同仁，必将得到人们的尊重，会有人想念你、尊敬你、赞美你。发现了万有引力定律的牛顿曾谦虚地说："我只像一个海滨玩耍的小孩子，有时很高兴地拾着一颗光滑美丽的石子儿，真理的大海还是没有发现。"音乐大师贝多芬，曾谦虚地说自己"只学会了几个音符"。科学巨匠爱因斯坦说自己"真像小孩一样的幼稚"。有人问球王贝利："你哪个球踢得最好？"贝利笑着说："下一个。"

成于慎而败于纵

系统论常常讲"蝴蝶效应"，说的是南美的蝴蝶扇动翅膀，可能经过复杂的因果链，而引起北半球的一场飓风。一位外国作家说："人们常以为小小过失无伤大雅，殊不知大大的失败常常是小小的过失而引起的。"可能有人会说，大风大浪都过来了，小河沟还能翻船吗？其实，这样"小河沟翻船"的事不仅有，而且屡见不鲜。

---

① 《马克思恩格斯全集》第36卷，人民出版社2015年版，第219页。

"平流"中隐藏着险礁，胜利中潜伏着危机。安与危、胜与败、福与祸，在一定条件下都可以相互转化。今天的"平流"常常是从昨天的"险流"转化来的，倘若只看到"平流"的风平浪静，却觉察不到浪花下面还潜伏着漩涡逆流，志得意满，骄傲放纵，心理防线步步后撤，眼前的"平流"就会稍纵即逝，重新走向它的反面。

北魏第一谋士崔浩，是"三朝元老"，具有卓越的军事、政治才能，深得皇帝宠爱。这也助长了他恃宠而骄、尖酸刻薄、飞扬跋扈的性格，不善处理与同僚间关系，得罪之人遍及各个层面。有一次，崔浩随明元帝拓跋嗣攻打南朝。回师途中，他们一起到西河，俯视黄河。崔浩竟当着皇帝的面，旁若无人地谈起了历史。他说："秦始皇、汉武帝犯了同样的错误，他们废除分封、建立郡县，都是不对的。"明元帝想："秦始皇、汉武帝和北魏一样，统一了黄河流域，这怎么能说是错误的呢？实质上是在说我吧！"因此，他心里很不高兴。崔浩晚年奉命编史，秉笔直书，"暴扬国恶"，触犯了拓跋氏皇族的底线，落得个被诛杀的悲惨结局。

古语讲"论言如汗"，指说出的话像身体流出的汗，没有挽回的余地。《说苑·谈丛》说："福生于微，祸生于忽。"福气来自微小之处，而祸患常因疏忽而生。不能谨慎办事的为政之人，大都会后悔终生。司马昭称赞阮籍是最为谨慎的人，每次和他聊天，说的都是玄虚高远的事情，从不评判人物。在某些时候，一个公文的用字，一个句式的表达，一句无意的谈话，都可能偏离事情本身，使你陷入被动。

聪明的人先想后说，愚蠢的人先说后想。说得越多，就越有可能说出愚蠢的话来。某企业集团党委原副书记、董事长任××于2016年2月16日在其个人微博公开质疑"党媒姓党"。他说："人民政府啥时候改党政府了？花的是党费吗？""彻底的分为对立的两个阵营了？当所有的媒体有了姓，并且不代表人民的利益时，人民就被抛弃到被遗忘的角落了！"此言一出即受到舆论高度关注。中国青年网连发《专家：任何割裂党性与人民性的观点都站不住脚》等多篇报道评论。经北京市西城区纪委常委会研究并报区委批准，决定给予任××留党察看一年处分。

微信"朋友圈"已经不是传统意义上只有家人和好友的"朋友圈"，每一个人都是"媒体人"。从本质上看，微信"朋友圈"已经具有了媒体属性，成为大众沟通交流的重要载体，成为各种舆论观点交锋的战场。任何自由都是有边界的，必须把握好自身的定位，坚定政治立场，不能发表违背中央大政方针政策的言论。

《孔子家语》有"无多言，多言多败；无多事，多事多患"之古训。冯梦龙在他的作品中说："口是祸之门，舌是斩身刀。"此言说得有些重，但也不无道理。有时说话的人并无恶意，对听者而言，却可能是伤及他的自尊心之语；一句话是同一个意思，出自两个人之口，听起来也有区别。因此，宋代文学家苏洵说："君子慎始而无后忧。"君子一开始就谨慎小心，便不会有任何后患。说话、办事谨慎可以少出差错，减少许多烦恼和懊恼。对别人疑神疑鬼，不如自己谨慎地为人处世。

成功的重要原因之一，是懂得在适当的场合和时候讲适当的话，说话时能够把握分寸，不逞口舌之快。这次你在我面前说别人的坏话，下次你就有可能在别人面前说我的坏话。这样一来，说人坏话者在别人的印象中就不可能好到哪里去。当甲对你说乙的坏话时，你应尽可能地保持沉默，在适当的时候加进一两句劝导的话，不对乙加任何评语；当乙对你说甲的坏话时，你也同样不对甲加任何评语，同样在适当的时候对乙劝导几句。所有的话，无论是甲说的还是乙说的，都让它们到你这里打住，再不外传。

多做事少说话，尤其是在人多的场合，要尽量少说话。话多不如话少，话少不如话好，不逞口舌之快，是为政者的成功经验。对待同级、下属，不要在众人面前斥责，勿指责人家的弱点，不要侮辱人格，不宜干涉私人事情，不必翻人家旧账，不可否定部属的未来。美国爱迪生说过："如果你希望取得成功，那么应当：以恒心为良友，以经验为参谋，以谨慎为兄弟，以理想为哨兵。"

谨言慎行，是一种修养，是一种品德，是一种智慧，标志着政治上的清醒和成熟。人际关系不仅蕴藏着巨大的能量，而且常常错综复杂，如果忽视它，不谨慎处理，就会遇到阻力、麻烦，甚至出现失败。老子说得好："百事之成，必在慎之。"成都武侯祠有副对联："成大事以小心，一生谨慎；仰宗臣之遗像，万古清高。"南宋吕本中《官箴》有言："当官之法，惟有三事，曰清、曰慎、曰勤。"做人与从政，如不谨慎，有时会招来麻烦，办不成事。一个处事谨慎的人，必然是头脑清醒的人，必然在大是大非面前不糊涂。谨慎还是远离危险、确保安全的良方。谨言慎行，是稳操胜券的基础。

把话说好，让人接受，要从对方感兴趣的事情进入话题。要使用轻松幽默的语言，多取譬喻，创造出宽松、愉悦的气氛。说话不宜过于正统，过于严肃，让人味同嚼蜡。

说话是通向心灵的桥梁，蕴藏着为人处世的智慧。在官场和日常生活中，要经过深思熟虑后才说话，把话说得有分寸、很得体，符合自己的身份。不去议论别人的短处，不传闲话，不妄议政策，不添油加醋。要说真话，不能说真话则保持沉默。在一些场合，比你强的、陌生的、有经验的、有见解的人在座时，你说多了反而会暴露自己的弱点和愚蠢。

有德行有才学的人不轻易发表自己的看法。姚崇《口箴》有言："君子欲讷，吉人寡言。""居官有五要：休错问一件事，休屈打一个人，休妄费一分财，休轻劳一夫力，休苟取一文钱。"书法家舒同一生赠字无数，但有一条，若有人请他写"难得糊涂"，他都会一口回绝："我是共产党人，不能糊涂。"舒同的话启示我们，共产党人在私底下、无人时和细微处，都要一丝不苟，做严于律己、谨言慎行的表率。

不善辞令，口不择言，文不对题，信口开河，重复啰唆，毫无顾忌，妄下结论，言不由衷，装腔作势，庸俗下流，这是大忌，极易遭人厌烦。谈吐行为过于散漫，口无遮拦，不重自制，不拘小节，或信口雌黄，话不中听，海阔天空，或指手画脚，讥讽嘲弄，会让人觉得你是个"乌鸦嘴"，太没有修养。我行我素，苛求于人，在众人面前指责下属，不给人家留面子，就会伤了别人的自尊心，对你产生一种轻蔑甚至厌恶之感。其实，只要多考虑几分钟，讲几句关心的话，为他们设身处地想一下，从对方角度看问题，就可以更深刻地理解对方的立场，避免无谓的纷争。

与职位高、地位优越的人谈话，态度要表现出尊敬，注意倾听对方的讲话内容。《红楼梦》有一句妙语："世事洞明皆学问，人情练达即文章。"领导干部在说话时要把握分寸，把话说得恰到好处，把事情办得恰如其分。不要随意插话，不讲"跑题"的话，不说啰唆的话。与地位低于你的人谈话，尽量客气一些，不要谈得太多，不宜显得太亲密，应注意庄重、文雅、和蔼，不可居高临下，莫以权势阻止对方，在众人面前切莫指责下属、有意无意地中伤他人。

鸟三顾而后飞，人三思而后行。难能之理宜停，难处之人宜厚，难为之事宜缓，难成之功宜智。多思多想、多听多看，大有好处。这当然不是郑人买履式的唯上、唯书、唯众，不是自设藩篱，裹足不前。

富兰克林说："有错一步，永难补救，所以大胆还得小心。"做每件事之前都先想后果，谨言慎行，以避免对他人的伤害，以提高成功的概率。

恩格斯在《反杜林论》中说，每个人的"认识所包含的需要改善的东西，无例外地总是要比不需要改善的或正确的东西多得多"[①]。谨慎做人，不要小聪明，让自己始终处于冷静的状态，做到"傲不可长，欲不可纵，乐不可极，志不可满"，在低调的心态支配下，兢兢业业，才能做成大事业。当你阅历丰富了，职位、地位提高了，为长久地实现自己的鸿鹄之志，要时刻坚持谨慎用权，有如临深渊、如履薄冰的心态，严格按照岗位职责和权力运行的规则办事；不要以为有了权就好办事，有了权就可以为所欲为。要多思多想、多听多看、谨言慎行，这样才能有效地避免对他人的伤害，提高办事的效率。

每日先躬身自省

唐太宗到了晚年，看到天下太平，滋生出骄傲情绪，有点厌恶批评的话了。偏巧有几天，魏征又在他面前絮叨，什么不要到南北游玩啊，等等。一天，魏征在朝廷上当众批评唐太宗。唐太宗恼羞成怒，退朝回宫，连连自语："总有一天，我要杀掉这个庄稼佬！"长孙皇后听了，赶紧问道："又是哪个大臣触怒了陛下，惹你发这么大的火？"唐太宗道："还不是魏征那个老东西，他每次都当着大臣的面讲我的过失，竟然当众羞辱我，搞得我下不来台。"

---

① 恩格斯：《反杜林论》，《马克思恩格斯文集》第9卷，人民出版社2009年版，第91页。

长孙皇后听了，连忙换上朝服，向唐太宗施大礼。唐太宗吃惊地问："你为什么这么庄重？"长孙皇后说："我听说有英明君主才有忠直大臣，今天魏征能直言进谏，就是因为陛下英明啊！这是国家的幸运，妾怎敢不前来道贺呢？"唐太宗听了皇后的赞扬，消除了怒气，反省了自己的行为。不久，他就下令升魏征为侍中（宰相）。

自省不是求全责备，它是精神层面上的反省，是对灵魂的追问。一个人之所以没有达到"今天比昨天做得更好"，一个重要原因就在于他淡化或忽视了精神世界的梳理和升华。自省吾身是一种心理活动的反刍与回馈，是人生必不可少的自修课。马克思与女儿曾经有过一段发人深思的对话。女儿问："如果您犯了错误，您会轻易地承认吗？"马克思答道："我随时都在准备着承认自己的错误。"提高自身素养的一个重要途径，就是在同别人的对照中改进自己。

周恩来曾自订七条"修养要则"，规定要与自己的、他人的一切不正确的思想意识作原则上的坚决斗争，纠正自己的短处，永远不与群众隔离。周恩来无论身居何位，都不忘警醒自己、鞭策自己。新时代领导干部应时常"揽镜自照"，检视自身不足，承认过失，匡正行为举止，提高内在修养。

躬身自省，是对自己的所作所为、所思所想，进行自我反省和自我批评，是一种大智慧。人们往往勤于、敏于查看别人，而看待自己的时候就不那么准确和全面了。错怪别人也比检讨自己容易得多。没有自省的态度和勇气，就无法在反思中重新认识自己。只有勤于自省，才能及时掸去思想之尘、祛除行为之垢。孔子有言："见贤思齐焉，见不贤而内自省也。"（《论语·里仁》）看见贤人，便要向他看齐；看见不贤之人的不道德行为，也要进行反省，检查自己身上有没有类似的问题，以便引起警觉，避免犯同样的错误。荀子说："见善修然，必以自存也；见不善愀然，必以自省也。"（《荀子·修身》）看到别人的优点、长处，就认真进行学习，努力赶上和超过对方；看到别人的不足，认真反思自己有没有这样的毛病，提醒自己引以为戒，不要犯类似错误。夜深人静之时，独处一室之际，从自身灵魂深处反省，反思自身优劣，启迪内心良知，破除心中之贼，补齐自身短板。

一生习惯于自省的人，能在自省中找到打开人生之锁的钥匙，锤炼自我的完美品质。鲁迅说过："我自己总觉得我的灵魂里有毒气和鬼气，我极憎恶他，想除去他……"具体行动就是"我的确时时解剖别人，然而更多的是更无情面地解剖我自己"。他每天都安排冥想的时间，来反省自己。鲁迅笔下的阿Q是一个蒙昧的人，他始终不能正确地认识自己。他浑浑噩噩、糊里糊涂，直到被押往法场时，还不知道自己是怎么死的。这是他人生最大的悲剧。鲁迅塑造阿Q这一形象的最终目的，正是启发人们正确地认识自己。

通过对自身言行扪心自问，打扫灵魂深处的污垢，净化自己的精神境界。每天须反省自己，这样说是不是言重了？事实上，这句话是强我之心的"妙药"。如果能坚持每日自省吾身，必将终身受益。吴玉章是学界泰斗，也是自省楷模。1958年12月30日是吴玉章81岁生日，他写了一篇《自省座右铭》："年过八一，寡过未解，东隅已失，桑榆未晚。必须痛改前非，力图挽救，戒骄戒躁，毋怠毋荒，谨铭。"自省中的"自"字，指代自己，也包含自觉克制过分的欲望，增强改造自我的意识，克服软弱、无知、肤浅、狂妄、懒惰、自满、狭隘。从修身方面要求自己清静养性，内心世界始终保持宁静，不为贪图丰厚的物质享受而分神劳力，方可达到清心寡欲。

经常自省可以帮助我们及早发现自己的过失，不至于铸成大错，进而鞭策自己，提升人格境界。如果夜郎自大、刚愎自用，不能自省，就不能及时发现自己的缺点错误，这样发展下去，容易错过改正缺点错误的时机，甚至会病入膏肓，积重难返。因此，人生立下志向和工作、生活标准后，还必须每日"三省吾身"，检讨自己的言行，看有没有要改进的地方，把各种外在要求内化为一种自觉行为。这种反省是一种高度的自觉，是对自己的解剖，是对灵魂的自我净化。这是人生一难，也是人生一宝。

理想信念的形成与发展是一个长期、复杂、渐进的过程，必须勤掸"思想尘"、反思"贪欲害"、常破"心中贼"。我们身边有些领导干部，党龄不短，工作经验丰富，但是其道德修养却不见提高，甚至作出严重的违纪违法之事。这些个人素质中的某些弱点，如总是看到自己的长处而看不到自己的短处，只看到人家的短处而看不到人家的长处，伴随他们十几年而依然不变。一个主要原因是不注意自身修养所致，特别是忽视了"自省吾身"。

一个素质高的人应是随时自省、勇于认错的人。自己错了就应真诚地承认错在什么地方，承担责任，通过采取措施，把损失降到最低限度，以后不再犯类似错误。彭德怀同志说过："我们能不能做到一日一省，一周一省，半月或一月一省呢？我是一月一省吾身，不管工作怎样忙，每月总要抽出半天时间把自己做过的事认真地检讨一番，看哪些做对了，哪些做错了，以便少犯错误或不犯严重错误。"

镜子能照出人的容颜，而自省是一面能"照心"的镜子，能照出自己的灵魂，保持能够抵御各色诱惑的强大定力。如果被人轻视、冒犯、侮辱、痛恨，那么你不必责人，首先要有反思自己的勇气和理智，迅速从窝火的心态中"跳"出来，以对方的言行为镜子，退而反省自身：是不是自己的过错？比如太爱抱怨，太爱否定，时常消极，从不听别人的，要求太多，依赖性太强，以损害他人为代价获取成功。做没做亏心事？从多方面找原因，把自身的毛病和问题提到党性和世界观的高度去剖析、去认识，主动做好沟通和解释，消除误会，增进理解，融洽关系。

从前有一个和尚，每做一件善事就会给自己点一盏灯。随着善事的越做越多，灯也越点越多，但是太多的灯产生了太多的影子，甚至让和尚迷失了方向。于是他向一位高僧求助，高僧告诉他，行善后，只要在心中点一盏心灯就足够了。和尚大悟，原来是自己心中杂念未除，用点灯的方式来炫耀自己，从而迷惑了内心，迷失了自己。这是《管理你的内心》①里的一个故事。修身须先正心，正心须先自省。

自省和剖析自己的过程，实质上是内在的自我检查，是一个正确认识自己、不断提升思想道德修养的过程。躬身自省是改造主观世界的重要手段，每次自我反省都是让自己的身心经受了一次道德与智慧的洗礼，其目的在于使自己的道德修养逐渐达到高尚的境界。老一辈无产阶级革命家谢觉哉在心灵深处开设一个"道德法庭"，对自己的过失毫不留情，既当"被告"，也当"法官"，跟自己"打官司"，表现出一种严格要求自己的高尚品质。这种向自我的宣战应大力提倡，唯有如此，方能放弃主观臆断、固执与偏见，大踏步地前进。要有所作为、有所成就，使自己的德行臻于完善，就必须经常反思自己的行为，检点自己的作风，敢于和自己"唱黑脸"。

领导干部要做好反躬自省、正己修身、慎独自守的文章，不要总是盯着别人的是非不放而责备别人。《吕氏春秋·论·不苟论》有言："败莫大于不自知。"谦虚做人，重要的是检讨自己。"君子检身，常若有过。"（《亢仓子·训道篇》）要时常检视反思，看自己的言行举止是

---

① 庄恩岳、庄研：《管理你的内心》，浙江人民出版社2011年版。

否妥当、思想作风是否出现偏差，及时纠正苗头性倾向性问题，始终做到忠诚干净担当。每天进行"心灵盘点"，想想说话时语气是否柔和而不生硬，神色是否恭敬而不谄媚，是否主动表露不足之处而不是炫耀自己；为什么别人说我坏话，为什么别人对我发火，看看有什么过失，哪些需要改进，如何光大长处，自己有多少资源，能干多少事情，该干什么，是否"今日事今日毕"，那将是善莫大焉，益莫大焉！《孟子·尽心上》有言："反身而诚，乐莫大焉。"

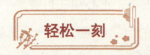

轻松一刻

论巧舌如簧，要数许敬宗

贞观年间，唐太宗问大臣许敬宗："我看群臣之中，你算很贤能的一个，为什么总有人讲你的坏话呢？"许敬宗说："春雨贵如油，农夫喜欢它滋润了庄稼，行人讨厌它让路面湿滑。明月照亮四方，才子佳人欣赏其诗情画意，盗贼恨其没了黑暗之处。老天爷尚且不能面面俱到，何况我一个凡夫俗子？"接着，他说出人言可畏之处："人生七尺躯，谨防三寸舌；舌上有龙泉，杀人不见血。"唐太宗听后连连点头。

选自《百家讲坛·传奇故事》2023年第9期

例说

勤政务实

树牢造福人民的政绩观

晏婴是春秋后期齐国的宰相，以其政治远见、外交才能以及朴素作风闻名于诸侯。晏婴聪颖机智，能言善辩。对内，他忠心耿耿，屡谏齐王；对外，他既富有灵活性，又坚持原则性，出使不受辱，捍卫了齐国的国格和尊严。有年冬天，齐景公身披狐皮大衣，对觐见的晏子说："真是奇怪啊，雨雪下了三日而不觉寒冷。"晏子回答说："真的不冷吗？"齐景公笑了。晏子说："我听说古时贤明的君主自己吃饱了还能想到别人在挨饿，自己穿暖了还能想到别人在受冻，自己安逸了却知道别人的劳苦。现在的君王不知也。"齐景公说："讲得好！我已经知道你的意思了。"于是发布命令，拿出裘衣，搬出粮食，发给那些饥寒的百姓。

民众是国家的基石。无论什么时代、哪个国家，为政者只有把老百姓的所思所想所求作为执政的工作方向，才能不断夯实执政根基。据秦简记载，官吏的职责是"除害兴利，慈爱百姓"。"吏有五善"：忠信敬上、清廉无怨、举事审当、喜为善行、恭敬谦让。旧时老城隍庙有一副对联说得好："做个好人，天知地鉴鬼神钦；行些善事，心安身正梦魂稳。"如果只顾个人欢乐，只能得到一时之乐，却会脱离和失去民众。泰戈尔说："人的永恒的幸福不在于得到任何的东西，而在于献身于比自己更伟大的事业。"

中国共产党为什么能？一个重要原因就是我们党始终将人民作为"源"和"本"，始终坚持以人民为中心，坚持为人民谋幸福，始终得到人民的拥护和支持。"江山就是人民，人民就是江山。中国共产党领导人民打江山、守江山，守的是人民的心。"我们要始终把人民放在心中最高的位置，以"赶考"的清醒和坚定答好新时代的答卷，让大家笑容更多、心里更暖。

政绩观是领导干部对政绩的看法和观念的总和，是党员领导干部从政、谋事、创业的"总开关"，是衡量领导干部履职尽责、干事创业的一把标尺，对领导干部干事创业有着强烈的导向作用。习近平总书记指出："干事创业一定要树立正确政绩观，做到'民之所好好之，民之所恶恶之'。"

为了保证政绩观不出偏差，领导干部必须以党的性质和宗旨为内容的价值观来规范从政行为。强调人民观是政绩观的本质，这是由我们党的性质所决定的。一切领导干部，都要把为人民群众谋利益作为争取政绩的出发点和归宿。坚持全心全意为人民服务的宗旨，是我们党的最高价值取向。实现人民的利益，得到人民群众的拥护，是衡量我们党的路线、方针和政策是否正确的最高标准。我们要把维护人民的根本利益作为出发点和落脚点，着眼于充分调动人民群众的积极性、主动性和创造性，满足人民群众的需要，促进人的全面发展。要坚持以人民群众为师，问计于民、问需于民，使自身工作和群众需求有效衔接，努力为民造福，时刻把人民利益放在最高位置。

领导干部要追求政绩，追求的必须是经得起实践、人民、历史检验的实绩。现实中，有的领导干部热衷"政绩工程""形象工程"，实则成了"劣绩"，毁了形象。习近平总书记指出："不要搞急功近利的政绩工程。""共产党人为的是大公，守的是大义，求的是大我。"从近年来曝出的一些问题来看，有的领导干部对"为谁创造业绩、创造什么样的业绩、怎样创造业绩"这一根本问题产生了认知错位。

不良政绩观在不同时期往往有不同的表现。有的领导干部唯上不唯实，重视上级评价，忽视群众感受，认为政绩是做给上级看的，只有上级认可的，才是政绩。他们在追求政绩的过程中，往往不是把劲儿使在为广大群众办实事、谋实利上，而是两眼朝上看，上级不说的不做，上级不表态的不敢干。个别地方政府匆匆上马一些与群众现实生活脱节的项目；有的领导干部一味追求经济的粗放式增长，忽视政治、文化、社会、生态文明等领域的建设；个别国有企业不顾自身规模和能力，盲目承接一些超大规模的工程；有的领导干部在经济发展中轻视生态保护，将主要精力放在出"显绩"上；有的为经济发展数据"注水"，甚至造假。所有这些，都是不良政绩观的具体体现。

树立和践行正确政绩观，必须强化党性锤炼，对党的事业负责。有的领导干部缺乏系统思维、战略思维和辩证思维，干事创业能力不足。部分领导干部在工作中缺少调查研究，不了解实情，违背规律办事、突破规矩做事，当然不可能创造真实政绩。

政绩观、发展观是否对头，决定着发展的好坏乃至成败。2023年7月，习近平总书记在江苏考察时指出："树牢造福人民的政绩观，坚持以人民为中心的发展思想，坚持高质量发展，不搞贪大求洋、盲目蛮干、哗众取宠；坚持出实招求实效，不搞华而不实、投机取巧、数据造假；坚持打基础利长远，不搞急功近利、竭泽而渔、劳民伤财。"

部分领导干部之所以会在政绩观上出现偏差，根源在于党性不强，理想信念不坚定。有的领导干部宗旨意识淡薄，脱离群众，陶醉于主观臆想的所谓"政绩"，劳民伤财。有的领导干部"官本位"思想严重，把当官、升官作为人生最高追求，而不是把为人民群众做好事、办实事、解难事作为最大政绩。有的领导干部极端个人主义思想浓厚，想问题、做决策、办事情不是首先从党和国家、人民利益出发，而是先替个人打算，看重个人得失。

对领导干部的政绩考核评价体系有待健全。部分地区还保留着"唯GDP论"等观念，只重数量而轻视质量，只看当下而不管长远，这在客观上容易导致追求"短平快"业绩的冲动。领导干部任期制度不完善，特别是一些关键岗位的领导干部调动过于频繁，或多或少会影响工作的推进力度，进而导致一些领导干部不重视"群众评价"，只重视"领导认可"，热衷搞劳民伤财的"政绩工程""形象工程"。

维护人民的利益，不断实现人民对美好生活的向往，维护社会公平正义。以"百姓心"做"百姓官"，永葆为民情怀，涵养"功成不必在我"的境界格局和"功成必定有我"的责任担当，在实践中练就能干事、干成事的"宽肩膀""铁肩膀"，"一件事情接着一件事情办，一年接着一年干"，把为民办事、为民造福作为最重要的政绩，把为民办了多少好事实事作为检验政绩的重要标准，追求经过历史沉淀的后人评说。

要把那些打基础、利长远、见实效、创实绩的事情抓好做实。领导干部要树立"铺路奠基有我"的格局，对事关远景、事关基础的事情，要心甘情愿抓、扑下身子抓，为事业发展打好铺垫、奠定基础。要有"功成不必在我"的胸襟、"咬定青山不放松"的定力，拿出"敢接烫手山芋"的魄力，坚持事不避难、迎难而上，一件事情接着一件事情办，一年接着一年干，在高质量发展轨道上科学作为，在守牢底线前提下积极作为，推动一张蓝图绘到底，涵养"甘当绿叶衬红花"的奉献精神，在成就别人的同时成就自己，把掌声留给同志，把"官声"留给自己，努力追求人民群众的好口碑、历史沉淀后的真正评价，坚决防止不按规律办事、盲目大干快上的政绩冲动，以及不顾财力、无视风险、盲目举债的投资冲动，不做只看"显绩"不看"潜绩"的

"形象工程"。

完善政绩考核的指标体系，在"为民造福是最大政绩"的基本原则之下，对领导干部的工作态度、工作能力、价值观念等作全面考察，对其在经济、政治、文化、社会、生态文明等领域的工作成果作全面评估，将年度考察和任务考察相结合，将内部考评和群众考评相结合。

完善容错纠错机制与终身追责机制，让领导干部卸下思想包袱，轻装上阵。对重大项目实行终身责任制，防范"政绩"变"劣绩"。关键岗位的主要领导干部不宜调动或调整过于频繁。避免领导干部因急于出成绩而搞一些短期行为，也避免因人事变动、新官不理旧账而出现重大工程项目烂尾，带来无法挽回的损失。

业广惟勤攻新域

陶铸在《理想情操精神生活》中说："一个人只有物质生活没有精神生活是不行的；而有了充实的革命精神生活，就算物质生活差些，就算困难大些，也能忍受和克服。"《尚书·周书》中有一句教人勤勉的至理名言："功崇惟志，业广惟勤。"大意是，取得伟大的功业，是由于有崇高的志向；完成宏伟的事业，在于勤奋的工作。何谓勤奋？勤就是要劳心劳力，锲而不舍；奋就是要有所作为，奋进不止。勤奋出才能，勤奋出成果。

勤勉苦干、艰苦奋斗的传统是我们的立身之本、创业之魂、成事之基。人类所创造发明的一切辉煌成果和非凡成就，全是由勤奋苦干而得来的。《易经》中有"天行健，君子以自强不息"之语。《左传》亦有"人道敏政"之言。清人钱德苍在《勤懒歌》中发出了"一勤天下无难事"的感慨。这些无一不体现了辛勤劳动的价值,表明了辛勤劳动和远大志向一样是成就事业的关键所在。艰苦是一种困难的条件、恶劣的环境和无情的挑战,奋斗则是一种锐意进取的精神状态、愈战愈勇的意志品质、不惜燃烧自身的拼搏和敢为人先的超越。

马克思的伟大贡献是与勤奋分不开的。李卜克内西在《回忆马克思》一书里写道:"曾经有人说,'天才就是勤奋'。如果这句话不完全正确,那至少在很大程度上是正确的。没有非常的精力和非常的工作能力,便不能有天才……我们所知道的真正的伟大都是极其勤勉和尽心竭力地工作。这种说法完全适用于马克思。"

勤奋是中华民族的优良传统,是个人道德修养的重要品质,是成就功业的重要原因。唯有咬定目标不放松,勤勉做事不松懈,才能缔造宏伟事业。周成王是灭纣兴周的周武王之子,即位时年纪尚幼,由其叔父周公旦摄政。周公为国事日夜操劳7年,一方面制礼乐,一方面戡平内乱,替周王朝奠定了坚实的基础。周成王年长后,周公毫不犹豫地放弃了权力,站在北面臣子的位置上,谨慎恭敬地辅佐周成王。周成王踵武前贤,励精图治,把国家治理得国泰民安。

东汉开国皇帝刘秀,于王莽新朝末年起兵,挽狂澜于既倒,建再造汉室之奇功。他即位后,勤勉政事,"每旦视朝,日昃乃罢,数引公卿、郎将讲论经理,夜分乃寐"。在他的引领下,"勤慎之风,行于上下;大小官吏,咸能兢业其职"。

天下无难事,只怕勤奋人。从古至今,勤奋都是弥足珍贵的品质。阐述儒家官德思想的《三事忠告》,将勤于职守落实到为官的各个细节之中。勤奋对能力发展起着重要作用,勤奋会影响能力的形成和发展。这是因为勤奋使人活动加强,各方面素质能够经常地处于积极动员的状态。唐人韩愈有言:"业精于勤荒于嬉,行成于思毁于随。"一个人的学业由于勤奋而精进，因为嬉玩而荒废；做人行事因为考虑周详而取得成功，由于随意任性而导致毁败。"事有是非明以智，位无大小在于勤。"日本著名企业家松下幸之助有句名言："如果你有智慧，请奉献你的智慧；如果你没有智慧，请奉献你的汗水；如果两者你都没有，就请你离开公司。"曾国藩说："惟俭可以养廉，惟勤可以生明。此二语者是做好官的秘诀，即是做好人的命脉。"勤廉二字看起来似乎很平淡、很浅显，如能真正做到，你的工作一定会得到上级的肯定，让同事信任，让群众信服。

从时代的坐标看，我们正处于重要的历史关头，面临着"中流击水、浪遏飞舟"的挑战。 改革攻坚，新问题、新矛盾凸显，其中既有木秀于林的自豪，也有风必摧之的烦恼；既有"登高望远"的情怀，也有"为山九仞"的压力。新中国成立100周年的蓝图怎样绘就，中国式现代化如何全面实现？所有这一切，都迫切需要我们在新的历史起点上，勤勉创业、艰苦奋斗、开拓创新。

说起廖俊波的敬业，"工作狂"几乎是所有认识他的人的共识。邵武市人大常委会主任熊贻荣从廖俊波1990年刚一毕业在大埠岗中学任教时，就认定"这年轻人将来必定有大出息"。在他的印象里，廖俊波对工作充满了激情，在任何一个岗位上都非常认真、敬业："他还是个普通教师的时候就是个工作狂，经常利用晚上时间不断充实自己、琢磨如何把工作做得更好，他把工作标准定得很高，他的勤奋是几十年如一日的。"

据同事们回忆，哪怕干到深夜两三点，只要廖俊波在，就一定是欢声笑语一片，"廖俊波有一种魔力，能把'要我干'变成'我要干'"。从当中学教师时开始，廖俊波就是个"工作狂"，经常加班。为什么他能对工作保持如此高的热情？奥秘就在于他常说的那句话：

"工作是快乐的。"把工作当乐趣，才会有内生动力，自发地在工作上投入百分之百的精力，兢兢业业、勤勤恳恳地把工作做好。

廖俊波的"一线工作法"，就是"能在现场就不在会场"。有人说，他"是新时期的'焦裕禄'"；有人说，他"用脚步丈量民情，用真情为民解难"。与廖俊波在荣华山产业组团同吃同住 4 年多的南平工业园区管委会副主任刘晖明，对廖俊波的印象就是：每天除了几个小时睡觉时间，他都在工作。"在办公室也是工作，在工地也是工作，在车上也是工作，吃饭的时候只要一接到工作电话，经常一讲就是半个多小时。我有时候半夜醒来，经常被他吓一跳，他一个人坐在床头，拿着笔记本不知道在写些什么。"说到这儿，刘晖明的眼眶倏地红了，"这些日子我还经常梦到他半夜爬起来弓着身子抄抄写写的样子，那场景真的是刻骨铭心。"廖俊波说："帮老百姓干活、保障群众利益，怎么干都不过分。"他把"为人民造福"作为工作思想和行为准则。工作二十几年，无论在什么岗位，他都一心一意为群众谋福祉，想方设法地满足群众提出的要求。

勤奋工作、埋头苦干是一代又一代共产党人铸就的伟大精神，激励着一代又一代的共产党人去弘扬升华。"历览前贤国与家，成由勤俭破由奢。""艰难困苦，玉汝于成。"这些至理名言闪耀着真理的光芒，给我们以无穷的力量，激励我们勤奋进取、坚忍不拔，战胜艰难险阻。

在闽东工作时，面对全地区上下摆脱贫困、发展致富的渴盼，习近平推崇并倡导"滴水穿石"精神。他说："我们需要的是立足于实际又胸怀长远目标的实干，而不需要不甘寂寞、好高骛远的空想；我们需要的是一步一个脚印的实干精神，而不需要新官上任只烧三把火希图侥幸成功的投机心理；我们需要的是锲而不舍的韧劲，而不需要

'三天打鱼，两天晒网'的散漫。"①

勤勉实干，履职尽责，是领导干部必备的从政道德，是检验领导者让群众满意的重要标准，是实现人生价值的可贵实践，体现着一种报效国家的品质、一种爱岗敬业的精神、一种不辱使命的境界。

第一位职责：调查研究

汉朝史学家荀悦讲过"一孔之见"的故事。有捕鸟人将一孔之见视为真理，于是用短绳子制成一个孔的网去捕鸟，结果连一只鸟也没捕到。那个捕鸟人忽视了"网"这个全局的功能，只看到"网眼"这个局部的作用，最终一无所获，以致闹出笑话。这个故事启示我们，要学会从全局角度观察、分析和解决问题，不能只看局部。

韦睿是南朝时期的梁朝开国名将之一，是梁武帝征讨四方、安邦定国的得力助手。韦睿是个实干家，从不夸夸其谈，注重调查研究，一切从实际出发。他一生指挥过很多战斗，每次都亲临战场进行视察，摸透敌情，权衡筹措，制定作战方案，然后再指挥作战。毛泽东对韦睿称赞有加，对他的人品和德行非常看重，读《南史·韦睿传》时，批注多达20多次。

一个正确决策，不是从天上掉下来的，不是闭门造车造出来的，只能从准确判断客观情况中来，而准确判断客观情况则来自系统缜密的调查研究。调查研究是"党的一项基本工作方法和领导制度"。领导者从事各项工作都离不开深入细致的调查研究，应当把这门软科学作

---

① 习近平：《滴水穿石的启示》（1990年3月），《摆脱贫困》，福建人民出版社1992年版，第27页。

为第一位工作始终不渝地坚持下去。

调查研究是各级领导干部第一位职责，是做好一切工作的第一步，是实事求是之基石、开创新局之途径。调查研究、弄清情况，是出好"主意"的基础和前提，是"谋事之基、成事之道"。决策是否对头，直接关系到一个单位、一个地区、一个国家能否生存和发展。毛泽东曾经说过一段很精彩的话："指挥员的正确的部署来源于正确的决心，正确的决心来源于正确的判断，正确的判断来源于周到的和必要的侦察，和对于各种侦察材料的联贯起来的思索。"①这些教导在今天仍然具有指导意义。

周恩来在许多报告和指示、电报中，一再强调面向实际、搞好调查研究的重要性，强调各项工作都要"从目前实际出发""经过最实际的调查研究"，要在周密调查研究的基础上决策、办事，不能"大概""可能""想当然"。

周恩来认为，调查研究不是一个简单地下到基层和群众中间获得情况的过程，而是一个贴近群众、密切党群和干群关系、倾听意见的过程。因此，他十分注意同群众接近的方式。他特别强调，领导干部不能搞特殊化，与群众区别对待和隔离起来，要杜绝那种事先安排、前呼后拥的调研方式。在调查中，他总是轻车简从，不要迎送，反对戒备森严。他曾严厉批评过那种把众人拦住为领导车辆让路的封建官僚做法。他说，到处设卡，连自己的人民群众都信不过，还谈什么为人民服务。

曾担任安徽省委第一书记的万里，经常一部小车、三两个人，说走就走，随时可停，一竿子插到村、访到户。可以说，正是这种"不

---

① 毛泽东：《中国革命战争的战略问题》，《毛泽东选集》第1卷，人民出版社1991年版，第179页。

走规定线路、不看摆好造型""直奔基层、直插现场"的调研方式，才让他能作出契合百姓期盼、顺应时代发展的正确判断，提出切实可行、有效管用的方法措施，为后来安徽打响农村改革第一炮打下根基。

可见，调查研究之于领导干部，恰如大地之于安泰，须臾不可分离。党的十八大以来，以习近平同志为核心的党中央高度重视调查研究，中央八项规定的第一条就是要改进调查研究。习近平总书记经常深入基层、深入群众开展调查研究，为全党作出了表率。

我们前进在中国特色社会主义道路上，各种复杂的新情况需要我们去认识，许多重大的新问题需要我们去解决。增强问题意识，提升发现问题、解决问题的能力，是坚持问题导向的必然要求。习近平总书记指出："要有强烈的问题意识，以重大问题为导向，抓住重大问题、关键问题进一步研究思考，找出答案，着力推动解决我国发展面临的一系列突出矛盾和问题。"习近平在担任浙江省委书记期间，曾经花了一年多时间深入全省的90个县市区调查研究，形成了振兴浙江的"八八战略"，为浙江走在现代化前列奠定了坚实基础。

领导干部履行职责要有新作为，必须大兴调查研究之风，坚持深入基层，深入第一线，深入困难较多、矛盾尖锐的地方，开展系统的调查研究。在调查研究中发现问题、解决问题，努力做到决策成果的最优化，努力让调查研究工作在新时代焕发新生机、发挥新功效，推动习近平新时代中国特色社会主义思想在基层落地生根、开花结果。

从认识规律来说，人们面临的事物、矛盾越是复杂多样变化快，就越需要防止认识的简单、片面和僵化，就越需要搞好调查研究。有的党员干部不愿或不会调查研究，只按规定路线走马观花，看精心准备的样板，听照本宣科的汇报，搞盆景式调查、花架子研究。习近平总书记指出，领导干部在调研中应有"自选动作"，要"看一些没有准备的地方，搞一些不打招呼、不作安排的随机性调研……避免出现'被调研'现象，防止调查研究走过场"。

要坚持问题导向，认真准备调查提纲，既有规定动作，又有自选动作，开展不打招呼的突击式调研，多深入人民群众中访民情察民意，拜群众为师，向群众求教，有益于促进领导干部正确认识客观世界、改造主观世界、转变工作作风、增进同人民群众的感情，有益于深切了解群众的需求、愿望和创造精神、实践经验。对那些调研走过场、决策不科学的假调研，要敢于执纪问责，以严格制度推动作风上的从严从实，倒逼基层调研"带着问题回，送出对策来"。

陈云是对我国经济建设作出巨大贡献的党和国家主要领导人之一。陈云认为，重要的是把实际看完全，把情况弄清楚；其次是决定政策，解决问题。难者在弄清情况，不在决定政策，只要弄清了情况，就不难决定政策。1961年，陈云到上海市青浦县（今青浦区）小蒸公社进行了半个月的蹲点调查。其间，他不仅蹲得住，坚持"一竿子插到底"，而且能深入群众，做到听真话、察实情、办实事。陈云运用交换、比较、反复的调研方法，抓住实际问题的要害，确保了调研情况的真实性。他以"不唯上、不唯书、只唯实"的方法，对市场供求、副食品产销、公粮征收、统购统销等情况作调查，掌握了大量第一手资料，解决了经济建设中的一系列复杂问题，被国内外经济专家誉为解决经济疑难问题的能手。毛泽东充分肯定陈云实事求是的调查研究精神，给予了很高评价。

身体力行地搞好调查研究，必须克服"工作忙顾不上""遇事拍脑门、出事拍大腿"的不良作风，克服形式主义、官僚主义的一套，切忌蜻蜓点水、走马观花。把调查研究这门软科学作为第一位工作始终不渝坚持下去。要从管理层特别是决策层抓起，从领导者自身做起，到车间班组去，到最艰苦的地方去作细致的调研，发挥好感官作用，拿出有分量的决策方案和依据。

搞好调研要坚持实践第一，一切从实际出发，敢于突破框框。要思前人之未思，做前人之未做，走前人之未走。要敢碰书本上说过的，特别是经过后来实践证明是站不住脚的；敢碰文件上规定的，尤其是前后文件有矛盾的、错误的；敢碰领导人讲过的，尤其是被多数人公认的；敢于率先推出新经验，适时创造好方法，特别是带有方向性的，提出符合实际而独到的新见解。在调研中，要善于从整体和全局高度提出问题，了解情况，制定对策。调研时，既要对微观的具体问题进行调研，也要重视对宏观的全局性问题进行调研；既要从一个侧面解剖问题，更要从多侧面分析综合。对于复杂问题，应当组织各方面力量调研，以便集中更多见解和智慧，使认识得到升华，使理性认识能够指导实践。

改革发展面临许多新情况、新问题，面临许多困难和挑战，须臾离不开调查研究这个党的"重要传家宝"。对于领导干部来说，调查研究也是一个自我学习、提高本领的过程。调研本身就是向群众学习、向实践学习的过程，是提高认识能力、判断能力和工作能力的过程。2017年12月25日，中央政治局召开民主生活会，习近平总书记主持会议并发表重要讲话时指出："要在全党大兴调查研究之风，放下架子、扑下身子，接地气、通下情，'身入'更要'心至'，开展深入细致的调查研究。"经常调研，"非常有益于促进领导干部正确认识客观世界、改造主观世界、转变工作作风、增进同人民群众的感情，有益于深切了解群众的需求、愿望和创造精神、实践经验"。在基层调查研究，不要像"井中的葫芦"那样浮在"下面的上面"（小机关），防止走马观花，蜻蜓点水，走走过场，浅尝辄止；防止受"规定路线""标准答案""示范样板"的影响，使调研成了"论证会"、"报喜会"和"盆景展"。到基层一线作随机性调研，要悄悄地下，悄悄地看，悄悄地听，细致地观察，从而有针对性地追问，潜心地研究，这样才能听到最真实的声音，发现真正的问题，从而有的放矢地加以解决。

不唯上　不唯书　只唯实

　　清人钱泳在《履园丛话》中记载了一个成衣匠的经典故事。从前，有个人拿了一匹布去找成衣匠，让他做衣服。成衣匠接过布料后，并不急于量体裁衣，而是问起顾客的性情、年纪、相貌，哪一年中了科举，很是调查研究了一番。顾客感到很奇怪，就连忙请教。成衣匠说："凡人年少中科举的，性情自然不免骄傲，必定是挺胸凸肚，因此衣服就要前长后短；如果年老中科举的，或在官场上不很得志，意气就难免消沉些，走路不免弯腰曲背，衣服就要前短后长。胖者腰要宽，瘦者身要窄，性急的要短些，性慢的可长些。"钱泳笔下的成衣匠之所以高明，就在于他能够潜心研究对象的特点，并找出这些特点与成衣之间的具体联系，因而能够悟出"短长之理"。

　　1940年，朱德在陕甘宁边区进行实地考察，了解边区经济建设的状况，并写出了《论发展边区的经济建设》《参观边区工厂后对边区工人的希望》等文章，提出了一系列帮助各地开展适合当地情况的经济建设、克服边区经济困难的措施，其中包括开发建设南泥湾的设想。后来，中共中央派359旅开进南泥湾，实行"军垦屯田政策"，创造了军事斗争与经济建设双驱动的奇迹。

　　据《开国领袖与调查研究》一书记载，新中国成立后，朱德不辞

辛劳，每年都用两到三个月或更多的时间到全国各地视察，向中央写了大量的调查报告。 1951—1966年，他向党中央提交了108份反映各行各业实际情况的调研报告，其中有98份报告是他亲自主持起草的，提出了许多符合实际情况的真知灼见。比如，他提出要注意发展手工业和农业多种经营的观点；他比较早地提出国防工业要走"军民结合、平战结合"的发展道路；20世纪60年代初，他提出停办农村公共食堂、恢复农村自由市场、调整农村人民公社管理体制等。这些都是对社会主义道路的有益探索。

怎样弄清事实和解决问题，陈云概括为交换、比较、反复："所谓交换，就是通过交换意见，使认识比较全面。交换意见，不仅要听正面意见，更要听反面意见。所谓比较，一是左右的比较……二是前后的比较……。所谓反复，就是事情初步定了以后还要摆一摆、想一想、听一听不同意见。即使没有不同意见，还要自己设想出可能有的反对意见。我们反复进行研究，目的是弄清情况，把事情办好。"

为了全面地而不是片面地把握事实，必须集体讨论，交换不同的观点和看法，彼此启发，克服片面性，从"交换"中取长补短，达到思想认识的统一。要对不同的意见、方案进行对比，判断优劣，包括正确和错误的比较。如果只拿出一种方案作为拍板的依据，就很可能出现片面性和失误，因而必须通过对两种以上的方案作比较和鉴别，把握矛盾的特殊性，把情况搞清楚，权衡利弊得失，作出最佳选择。

交换、比较不是一次就可以了，决定问题不要太匆忙，还必须留一个反复考虑的空间，多想想、多听听、多看看，才能全面、准确地认识事物的本质。陈云讲的"反复"，是对马克思主义认识论的生动表述。认识一个事物不是一次完成的，需要实践、认识、再实践、再认识的循环往复过程。"交换、比较、反复"是达到"不唯上、不唯书、只唯实"的基本途径。这15个字，陈云说了一辈子，也做了一辈子。对于陈云一生践行"十五字诀"、实事求是的品格，原中央政治局常委宋平说："他特别强调只唯实，只唯实就是唯物主义，所以他无论干什么事情，就是唯实。不管什么风、什么言论、什么舆论、书上怎么讲、上面怎么讲，他都要结合实际去理解。这是他最重要的品格。"

抗日战争胜利后不久，中共中央派彭真、陈云、伍修权等6人首批到达东北。在崭新而复杂的国内外形势下，党的工作应该采取什么方针和步骤是一个十分棘手的问题。陈云运用"不唯上、不唯书、只唯实，交换、比较、反复"的思维方法，经过两个多月调查研究，主持起草了《对满洲工作的几点意见》，得到中共中央的充分肯定。

据《中央纪委第一书记陈云》[①]一书记载，在"大跃进"中，钢产量的指标被一升再升，武昌会议和八届六中全会将1959年钢的生产计划定为1800万吨至2000万吨。当时，陈云由于在"反冒进"中被批评为"离右派只差50米远"，"大跃进"开始后又被视为"右倾保守"，处境已经很不好。但对这个指标，他仍多次提出不同意见，并建议不对外公布钢、煤、粮、棉四大指标。1959年，当毛泽东找他谈话时，他仍坚定地表示，当年的生产计划难以完成。1959年3月、4月召开的上海会议和八届七中全会上，把钢的指标确定为1800万吨。会后，陈云受毛泽东委托，经过深入的调查研究，提出钢的生产指标可以定为1300万吨，中央同意了这个意见，调整了年度钢铁生产计划。执行结果，当年实际生产钢1387万吨。

陈云对宝钢的调查研究，展现了一个共产党人对党的事业高度负责的态度，也说明了实事求是做好调查研究对决策部署的至关重要。

---

① 张曙：《中央纪委第一书记陈云》，中国方正出版社2015年版。

1979年5月，陈云到宝钢，找上海市领导了解宝钢建设情况，还召集上钢一、三、五厂和冶金局的负责人座谈，征求他们对宝钢建设的意见，鼓励大家发表各自的见解。经过一个半月的调查研究，陈云确定了将宝钢项目"干到底"的决心。1985年9月，宝钢胜利建成投产，创造出世界第一流钢铁企业的业绩。

许多干部反映，在革命、建设和改革不同时期，许多难题到了陈云同志手中，他三调查两调查，就找到了正确的出路，深入系统地调查研究，使难题得以解决。越是解决关键时刻的关键问题，越能显示出他调查研究的功力。更令人敬佩的是，在受到严厉批评指责后，他仍然从实际出发，坚持实事求是的原则，不唯上、不唯书、只唯实，为减少国民经济损失作出了巨大贡献。

对于调查研究，陈云有着深刻的认识："我们做工作，要用百分之九十以上的时间研究情况，用不到百分之十的时间决定政策。所有正确的政策，都是根据对实际情况的科学分析而来的。有的同志却反过来，天天忙于决定这个，决定那个，很少调查研究实际情况。这种工作方法必须改变。要看到，片面性总是来自忙于决定政策而不研究实际情况。"[1]这段话可视为他的工作作风、工作方法和实践经验的写照，也是我们党极为宝贵的工作经验结晶。

善于授权　各司其职

汉高祖刘邦称得上是古代授权大师，善于通过授权充分发挥相关人

---

[1] 梁柱：《领导干部应有敢讲真话的知心朋友——陈云如何注重调查研究》，《今日浙江》2009年第23期，第36页。

员的作用。例如，他授权萧何在关内以丞相身份管理国政，安抚百姓，重耕兴农，筹集粮饷，征发兵丁；把张良和陈平等人留在身边，出谋划策，赞襄军机；授权郦食其、陆贾等人出使各国，行离间连横合纵之术。

刘邦授权最漂亮之举，是在萧何再三推荐下，起用韩信为大将（三军统帅），"择良日，斋戒，设坛场，具礼"，以示郑重。韩信明修栈道，暗度陈仓，轻取关中，后来指挥许多大战，都取得了胜利。刘邦之所以能够战胜强大的项羽，一个最重要的因素，就是他大胆果断地起用韩信，授权韩信。

管理的实质就是通过其他人去完成任务，因此授权是管理中的核心问题。授权是一个古老而又新颖的课题。对于抱有雄心壮志的领导来说，授权已成为必然的选择。如果领导以为凡事都要自己出面，就会陷入俗务而不能自拔，事业永远也做不大。秦始皇从没有亲临战场一线，却统一了中国；汉武帝没有亲自带兵作战，却开拓了疆域，成为雄才大略之主。抓大放小是着眼于全局的宏观战略。大离不开小，小积累成大。大事和小事是互相联系、不可分割的整体。"一把手"在大事、大原则、大方向上做好安排，而对那些非全局、非中心、非重点的问题，要放心、放手、放权，由下属去想、去管、去干。只有明确各项工作的责任主体和具体承办人，放手让其负责，才能把自己从烦琐的事务性工作中解脱出来。

如何授权而不越权，古今中外有不少箴言。汉人刘向说："凡吏胜其职，则事治；事治则利在；不胜其职，则事乱，事乱则害成。"确立授权制度很重要。宋人杨时说："立治有体，施治有序，酌而应之，临时之宜也。"法国人拿破仑有句名言："狮子统率的绵羊部队，能够打败绵羊统率的狮子部队。"

领导者要善于抓大事，这是领导授权的根本原则。所谓大事，即事关组织生存与发展，带有全局性的问题，主要有两个方面：一是决策；二是用人。抓大事就是抓主要矛盾。领导者必须掌握解决重大问题的决定权，其他问题的决定权则可以充分授权给下属。一般而言，正职是处于统领全局、协调指挥的位置上，对整个工作都负有责任。正职要多考虑关系全局的大事，敢于拍板决策，善于发扬民主。在应该决断的关键时刻，必须有预见性、敏感性，果断拍板；对符合群众根本利益的事，要力排众议、敢于拍板；对决策正确但有异议的事，要反复酝酿，善于拍板；对专业性强、事关长远发展的事，要虚心求教，民主论证，科学拍板。

一般来说，当领导者信任下属的时候，就会授权于下属，并为其创造充分行使权力的条件。授权明责，是领导干部能力的扩展和延伸，是实现领导目标、引领辉煌的必要措施，有利于目标分解，有助于锻炼和提高下属的才干，提高领导体系的总体水平。领导者授权后，要从总体上把握，在具体工作上充分放权，下属本身应有的权力应全部授之于下属，切实做到充分授权、分层负责，鼓励下属充分行使职权，别怕失败，要敢于说："错了，由我来负责。"

20世纪20年代，美国通用汽车公司的总裁斯隆，经过谨慎思考后，决定在公司总部集权的基础上，实行政策集中、经营分散的授权管理体制。为此，他专门成立了企业管理委员会。几乎所有的重大决策，都由企业管理委员会的成员集中加以决定，而在委员会下面设立若干事业部，它们分别具有不同的权力去发展自己的业务。斯隆的努力很快取得了巨大的成效。1928年，通用汽车公司的市场占有率超过了福特，改写了当时的汽车行业格局。[1]

---

[1]　孙军正：《总裁领导智慧》，中国财政经济出版社2014年版，第191页。

正职与副职之间，要多一些理解，多一些支持，少一些指责，不在权力、职位上动心思，而是要多干实事。领导干部授权的目的，是让下属圆满完成工作，但并不代表在授权后就不管不问，也不是事事干预。授权犹如放风筝：光放不牵，风筝或者飞不起来，或者飞上天了却失控；光牵不放，飞不起来；只有倚风顺势，边放边牵，放牵得当，才能放得高，放得持久。

授权不能随便跨越层次，而是要逐级进行，只能授予自己职权范围内的权力，而不能把别人的权力授予自己的下属。领导者把中间层的权力直接授给下属，会造成中间层工作上的被动。如果出现领导不力的情况，领导者要采取机构调整或者人员任免的办法解决中层问题。因此，授权只能逐级进行，切不可越级授权。

越职擅权，就是超越自身职权的范围，去管不该自己管的事情。正职要用好副职，关键是要明确职权、合理分工，让每个人各擅其长。应从全局角度出发，注意哪些权力应由自己行使，哪些权力应由集体行使，哪些权力应归副职行使，使每个人都能在自己的岗位上做到最好。

正职要分给副职应有的权力，使副职有职、有权、有责、有威。下属履行其职责必须有相应的权力，使他对其下级能够说了算，办事敢作敢当，让他觉得手中的权不是虚的。授予下属一定的权力，必须使其负担相应的责任。有责无权不能有效地开展工作，有权无责会导致不负责任地滥用权力。所以，领导干部在授权时，一定要向被授权者明确交代所授权事项的责任范围、完成标准和权力界限，让他们清楚地知道自己有什么样的权力、有多大的权力，同时要承担什么样的责任。如果"一把手"认为某个下级绝对可靠，一切都听他的，把所有权力都赋予他，时间长了，必然生乱，正如古人所言："专听生奸，独任成乱。"（《梁书·贺琛传》）老子所说的"国之利器不可以示人"也是这个道理。

正职授权不能失衡，要在自己领导的组织系统内，对多个副职授权，权力分布要合理，不能畸轻畸重（领导的主要助手除外）。 无根据的偏重授权，以个人感情搞亲疏性授权，是万万不可取的。要为副手和下属撑腰，对副职决定的问题、处理的事情，只要不违反原则，不要轻易否定；需要修改的，也要引导其作出修改决定。

要做副职的坚强后盾，经常给予其必要的支持和指导。在研究决定某项工作时，正职应尽量尊重分管该项工作的副职的意见；对副职拍板决定的问题，只要无大的原则性差错，一般不要去指点或变更，即使确实需要修正，也要先与副职通气，然后由副职自己去宣布。副职遇到困难时，正职要主动为其出谋划策，帮助解决。

要诚心诚意地倾听副职的意见和建议。当副职因与正职看法不同而含糊其词时，正职应鼓励他坦率地说出心里话，进行平等探讨，求得共识。当副职的意见比自己高明时，应予以肯定，虚心采纳。即使副职的意见没有可取之处，也要注意保护其自尊心不要轻易反驳。副职业绩突出，正职不要嫉妒、压制和排挤。

此外，正职要注意保护副职。若有人要打副职或下属的小报告，切不可一听就信，一信就疑，一疑就疏。确属副职的问题，要批评教育或处理；若是捕风捉影、胡编乱造之言，就要为其辩护，为其撑腰。适度承担副职工作失误的责任。正职应为副职创造宽松的工作环境，帮助副职查找失误的原因，适度地承担下级工作失误的责任。这样做会使副职减轻心理压力，努力工作回报正职领导。

副职应该行应行之权、尽应尽之责，成为独当一面的行家里手，成为正职领导的得力助手。 副职领导在配角岗位上，要做到正职未谋有所思，正职未示有所为，发挥积极性和主动性，克服依赖性、被动性。要主动配合，但不喧宾夺主；要勇于负责，但不擅自做主。如果上司没有表态或没有授权，你抢先表态，就有点"喧宾夺主"了，这样会使领导被动而不高兴。

领导者要领会"无为而不为"的内涵，不一定要在各方面都比别人强，而是具有调动下属积极性的能力。在认识孙中山前，黄兴就已经创立了华兴会，独立领导了两湖的革命和大部分的武装起义。但是，他认为孙中山比自己更适合做总理，因此一直维护孙中山的"主角"形象。黄兴的这种配角意识，闪现出伟大的人格光辉。

有些决策，应由上司去做，下属还是不插言为妙，切莫越俎代庖。什么时候该怎么做，要视具体情况而定。有些工作由上司出面更合适，下属如果抢先去做，就会造成工作越位，结果费力不讨好。有些场合，如与客人应酬、参加宴会等，也应适当地突出领导。有的人作为下属，张罗得过于积极：与客人认识，便抢先上前打招呼，显示自己太多，让领导不悦。

某实验化工厂的副厂长老张自恃才高，总想着自己对厂子贡献大，和厂长在一起时常常忘记双方的身份，言语随便，行为放肆，使厂长十分气愤，但碍于面子又不好说什么。某天有客户来访，正好老张在和厂长商量事情。老张立即抢在领导前面与客户握手、寒暄，却不主动倒茶、让座。本该是厂长说的话，他也替厂长说了，完全忽略了厂长的存在。送走客户后，厂长狠狠地训了老张一通，说他目无领导，不知道自己是干什么的。以后凡有接待上的事情，厂长再也不叫老张陪同了。本来厂长是准备提拔重用他的，但从此以后，这个想法也打消了。①

---

① 刘翠编著：《做最好的副职领导》，中国发展出版社2015年版，第21页。

越过顶头上司，向高一层的上级报告工作、说明看法，属于越位。一天，某单位的上级布置了翻译外文资料以供科研人员使用的任务，所里的领导一时难以下决心，拿不出可行性方案。

这时，外文资料主要负责人王涛越过所里的领导，直接向上级报告，说承担这种任务没有问题。这种做法无疑伤害了所领导的感情，上级领导对他自然不会赏识和满意。

副职不越位，即是对未经正职领导授权的自己职权范围之外的事，不能越权决策；对其他副职职权范围之内的事，不能越权干涉；对下属职权范围之内的事，也不能越权代劳。同时，副职领导也不能因为担心越位而对正职领导唯唯诺诺，不负责任。副职一定要顾全大局，自觉维护正职的权威。对于正职交办的工作，要不折不扣地完成；对正职提出的意见，即使认为有不妥之处，也应该用适当的方式说明，不能阳奉阴违；自己做决策时，要尽量向"一把手"汇报，让"一把手"知道。要让"一把手"感到，在大政方针上，副职和其始终保持一致，不仅工作大胆，履职尽责，而且能站在宏观位置上考虑本职工作，给上一级领导出点子、想办法。

副职提出建议时，应站在正职的角度思考，而不能只考虑自己分管的业务。副职要承担起责任，大胆负责，特别是对棘手问题，首先要有主见，尽最大努力独立处理，适时与正职沟通；对一些具体工作，看准拿稳的，就拍板、定案，大胆实施，起到独当一面的作用。在研究解决具体问题时，要从工作全局出发，积极主动出主意、想办法、找对策。副职要有本位思想，但不能只有本位思想，在分管工作中要积极贯彻正职的决定，重大问题及时沟通，做到勤汇报、有担当、敢负责；副职之间要相互尊重、相互信任、相互协助、相互补台。

沟通使合作顺畅

曾经有个小国的人来向皇帝进贡三个一模一样的金人，同时出了一道题：这三个金人哪个最有价值？皇帝请来珠宝匠检查，称重量，看做工，发现三者都是一模一样。怎么办啊？泱泱大国，总不至于弄不懂这个小事吧？

这时，有个退位的大臣说他有办法。只见他胸有成竹地拿着三根稻草，分别插入三个金人的不同位置：插入第一个金人的耳朵里，稻草从另一边耳朵出来了；第二个金人，稻草从嘴巴里直接掉出来；第三个金人，稻草进去后掉进了肚子，没有什么响动。老臣说："第三个金人最有价值！"使者点头，答案正确。群臣们不明就里，赶忙请教。老臣侃侃而谈："第一个小金人是左耳朵进右耳朵出，这种人最没有价值；第二个小金人只要听了就会和盘托出，处世没经验，做事无原则；而第三个小金人，能听得进意见，而且会记在心里，做事有分寸……"

提升沟通能力，首先要抓住影响全局的关键性因素。既要有主有次，抓住重点，又要照顾到各个方面，发挥各个方面的应有作用，凝聚各方面的力量，使之协调一致，打造一支有品德、有才干、推得动、打得响的骨干队伍，把各项决策落实到位。领导干部要做好沟通工作，善于调解、化解和妥善处理各种矛盾，使班子成员能分工合作、相互配合。

提高沟通能力，就要善于理解他人，站在对方的立场处理问题。只有互相理解、互相体谅，不去指责别人，经常换位思考，才能达到心理认同、情感交融。在人际关系行为中，彼此之间要设身处地为他人着想。只有互相理解，人与人才能心心相通，才能彼此关注、关心和关爱。交往过程中，要学会理解人的难处，不忘人的好处，宽容人的短处。

长征途中召开的遵义会议，作出了取消博古、李德的最高军事指挥权的决定，"事实上确立了毛泽东同志在党中央和红军的领导地位，开始确立以毛泽东同志为主要代表的马克思主义正确路线在党中央的领导地位，开始形成以毛泽东同志为核心的党的第一代中央领导集体，开启了党独立自主解决中国革命实际问题新阶段，在党的历史上是一个生死攸关的转折点"（《中共中央关于党的百年奋斗重大成就和历史经验的决议》）。遵义会议后，顺利地把中国革命领导权交给最懂中国国情的毛泽东成为当务之急。

在遵义会议约20天后，红军长征走到云南、贵州和四川交界的地方。周恩来通过与博古的彻夜长谈，帮助博古解开了心结。其间，周恩来没有一句批评博古的话："你我都是吃过洋面包的，你是留俄的，我是留日留法的，我们这些吃过洋面包的人都有一个大缺点就是对中国的国情不是那么了解。自从我领导了南昌起义失败以后，我就知道中国革命靠我们这些人来领导不行。我们要找一个真正懂中国的人，这个人才有资格领导中国革命。"周恩来告诉博古："老毛是这样的人，他懂中国，你我当不上领袖，老毛行，我们共同辅佐他，大家齐心协力把这件事情搞成。"对周恩来的话，博古心悦诚服。第二天一早，博古就把中央的印章和中央的文件全部交给了组织。博古在牺牲前曾多次回忆周恩来与他的谈话，这是周恩来在完成中国共产党非常复杂的组织协调工作中作出的独特贡献。

提高沟通能力，就要尊重他人，爱护别人，说话要算数，讲求信用。领导干部即使权力较大、地位较高，在人格上与其他人也都是平等的，对每个人都要尊重。麦当劳任命汉堡大学的寇格博士解决沟通的理论问题，任命擅长公共关系的凯尼尔为公司解决实际操作问题。凯尼尔请约翰·库克及其助手金·古恩设计的"员工意见发表会"变成了麦当劳的"临时座谈会"制度。这种形式在解决同员工的沟通问题上起到了非常重要的作用。座谈会以业务项目为主要讨论内容，但也鼓励员工畅所欲言甚至倾吐心中不快，目的是增强与员工的感情联络。实践证明，这种沟通方法不亚于一对一的交流。

提高沟通能力，很重要的一条，就是能带头搞好团结，把班子"捏在一起"。领导干部要善于发挥集体智慧，调动一班人和全体党员的积极性，齐心协力干事业。一事当前以工作为重，一利当前以他人为重，用权不争权，交心不憋气，思过不争功，律己不攀比。对有不同意见和看法的同志，应主动谈心、交换看法，从而消除隔阂和误解。对非原则性问题，能个别解决的就不要拿到会上来，要善于化解下属的思想情绪，调动他们的工作潜能。班子成员发生的一些问题，要摆到桌面上来，当面锣，对面鼓，开展批评交心，消除误解，分清是非。

领导干部沟通人际关系，必须遵守三个原则。一是择善原则。有益于党和人民的利益、有益于他人的，就要采取积极的态度；如果是有害的，就要坚决放弃。此外，处理与上级的关系，应尊重而不失主见；与平级相处时，要真诚守信、主动助人；与下属相处时，要公道、正派。二是调衡原则。对自身的多种人际关系进行沟通，处理好不同人际角色之间的冲突。三是积极原则。以主动行为寻求对方反应，以鲜明及时的反应回答对方的行为。在人际交往中，态度要热情，语气要诚恳。

有效的沟通之前，尽量多做"热身运动"。领导干部对下属先嘘寒问暖，聊聊天，开开玩笑，使对方感受到领导的关心和友好的态度，可以有效拉近双方的心理距离。有效的沟通要求有多种信息渠道、多种沟通方式来加以保证。闲谈是一种无拘无束的非正式沟通方式，这有利于下属、员工说真话、讲实情，有利于领导者了解事情真相，有利于解决实际问题。领导干部在工作过程中如果不善于沟通，往往就会与下属产生不必要的矛盾，还有可能因沟通不畅而升级为冲突，造成严重的内耗。

领导干部在与他人沟通时，要尽量保持理性和克制，如果情绪出现失控，则应当暂停沟通。沟通时不妨用"呃""噢""我明白""是的""有意思"等来认同对方的陈述。通过"说来听听""我们讨论讨论""我想听听你的想法""我对你所说的很感兴趣"等话语，鼓励说话者谈论更多内容。无视对方的年龄、学历等因素，过分修饰自己的语言，不使用通俗易懂的语言来传达信息，必将使自己的沟通陷于泥淖之中而不能自拔。

成熟的领导者，应当是一个耐心的倾听者。在倾听员工的谈话中，可以发现员工的关注点，了解员工的苦恼和要求，从而使员工积极主动地改进绩效。静静地听人把话说完，既是对他人的尊重，也是一种修养。歌德说："对别人述说自己，这是一种天性。"注意倾听别人说话是一种艺术，是一种"无言的赞美和恭维"。有人曾向松下幸之助请教经营的诀窍，他说："首先要细心倾听他人的意见。"一位拜访过松下幸之助的人说："他一点也不傲慢，对我提出的问题听得十分仔细，还不时亲切地附和道'啊，是嘛'，毫无不屑一顾的神情。松下先生的经营智慧到底蕴藏在哪里呢？我终于得出结论：善于倾听。"

倾听，既是沟通过程中的润滑剂，又是沟通出现难产时神奇的助产士。在和别人交流沟通时，我们不但要用耳朵听，更要用头脑去想。繁体字"听"中，有个耳朵，还有两只眼睛，更有一颗心。假如心不在焉，即便是耳朵、眼睛都在，也是听不进去的。倾听，要透过他所表达的东西，挖掘到他的思想、经历、情感等深层次的东西。一个善于倾听群众呼声的人，才能鉴别出员工最关心的问题，才能真正代表群众的利益，才能搞好与群众的关系，同时也有利于发现组织内部存在的问题并及早解决。

在党委、党支部工作中，班子内部难免会经常出现这样或那样的问题乃至矛盾。书记处于维护班子协调团结中的关键地位，其作用是委员不能替代的。书记和委员之间是分工负责的平等关系，不是上下级的关系，在党内享有同样的权利，履行同样的义务，因而都必须把自己置于集体领导监督之下。书记应当通过沟通，凝聚支部班子的整体力量。

党委书记要善于沟通委员之间的关系。要做好思想上的沟通、工作上的协调，使班子成员增强团结、密切配合，形成强大的合力。要对委员会的工作进行科学合理的安排，定出工作程序，分清轻重缓急，立足全局抓大事。凡是提交党委委员会讨论的重大问题，要按问题轻重缓急进行有序排列，分期分批进行讨论，有步骤地开展工作。要经常与党委委员保持沟通和联系，放手让党委委员大胆地开展工作。对党委委员工作中遇到的困难，要热情关心、具体帮助；遇到的重大问题，不要越俎代庖、大包大揽，要与委员商量，听取意见和建议，集思广益，提高党委工作水平。

督促检查重实效

干事业不能做样子，必须脚踏实地，真抓实干。督促检查是发现问题、狠抓落实的重要途径，是推进、督促、指导工作的有效手段，是常态化的工作措施，必须稳抓稳打向前走，不能高高在上、凌空蹈虚，不能只挂帅不出征，来不得半点含糊懈怠，必须认真对待。督查工作的主要内容是：党和国家现行方针政策、有关法规、决议的执行情况，进展到何种程度，取得了哪些成效，出现了哪些问题；对违反上级方针政策、决策的问题进行调查和综合，提出查办建议。

领导干部的责任主要是对下属和基层工作进行督促检查和具体指导，帮助解决新问题。这是领导工作实质性和决定性的步骤，是决定落实的第一推动力，是彻底改变"搞事务性人员多、机关干部机关化"的需要。督查人员的工作定位于落实环节，就是把决策转化为实际行动并达成一定目标。这需要我们不光要着眼于行动，还要对决策实行全程跟踪，抓住难点，把文件精神和领导讲话的内容逐项分解，逐一落实。要使督查工作运转正常，增强工作活力，必须建立激励机制和约束机制。

督查工作要从总体上把握决策任务落实的进程，在实施决策的每个阶段、每个环节上做到"高效率、快节奏、抓落实、有反馈"。每次督查前，应组织有关人员对检查范围、内容、重点、步骤及方式方法予以研究和布置。可将上级工作部署和政策规定抽出若干项具体工作任务，分解立项，定位督查。这样可以化整为零、以小见大，便于操作。对前段工作进行到什么程度，有什么问题，是什么原因，要有个估量。下去前一般不宜事先通知，不宜组织检查团，要轻车简从，沉到基层，认真检查工作进展情况，敦促顶的，推动停的，促进慢的，纠正偏的。提出建议和要求，要与有关方面沟通，求得帮助解决。督查中发现严重问题，必须追根穷源，查明原委，提出督查意见，报经领导同志审批，送请有关部门按有关政策进行检查，并要报告检查结果。

为适应督查内容拓宽的需要，应注意发挥办公室整体功能和总体效率。督查要与信息、调研等工作结合起来，穿插进行，相得益彰，形成"信息—调研—督查—反馈"的完整闭环。可通过信息渠道及时了解和反映领导决策在基层的落实情况；对某些突出问题和重要线索，在调研基础上提出查办建议；注意从督查汇报材料中选择编发内部参考价值大的信息，提高信息的广度、深度和效应。督查同信息、调研乃至信访等工作有机结合，互相间具有很大的交叉性和互补性，能有效解决一些单位督查力量单薄与督查任务繁重之间的矛盾，解决各个岗位"你打你的，我打我的"、彼此脱节的问题。实践证明，这样做的效果甚好。

督查工作容量大，牵涉面广，解决问题难。领导干部不能满足于批办，忽略直接参与督查，督查人员也不能满足于领导批一件就查一件。只有领导者带队督查，把督查人员作为自己的耳目和左右手，才能提高督查的权威性，有效运用督查手段推动和指导工作。

督查工作岗位特殊，对人员素质要求高。因此，应把政策水平高、综合能力强的同志选调到督查岗位上来。要建立一种"讲政绩、靠本事、重实干"的机制，"以言取人，人饰其言；以行取人，人竭其行"。要切实把督查干部的成长进步与工作政绩挂起钩来，引导他们在本职岗位建功立业。要建立督查工作责任制，对办公室系统实行督查工作目标管理，做到一级抓一级，一级督一级；建立"督查事项登记簿""催办通知单""督查结果报告单""督查件呈阅单"，真正用制度和程序来确保督查工作进入良性循环的正常运转。要与组织、人事部门联系，力求把工作落实情况与干部职务升降、奖惩等切身利益挂钩，对决策执行者加以约束和激励。

督查不仅要搞好"奉命查办"，还应当围绕中心工作主动立项督查。可以采取蹲"联系点"的办法主动抓一些专题督查调研，向领导报送一些有新意、有深度、有价值的调查报告。主动督查的重点是上级或同级重要决策和工作部署的落实情况、领导最关注和最担心的问题，解决有令不行、有禁不止的问题；抓住倾向性问题，解决在萌芽状态。实践证明，只有突出重点，主动立项督查，才能做到有作为、有成效，才能举一反三、扩大效果。督查人员在督查工作中要把握好自己的角色位置。这里最忌两种情况：一是口气太大，或以领导者的角色出现，动辄批评，以势压人；二是督查人员胆子太小，又过于"谦虚"，对下级工作中的错误做法不敢提出批评。

科学、严密、及时的督导检查，是抓好落实的有效保障。在实施督促检查的过程中，应注意采取全面检查与抽样调查、专项督查与定期督查、督导与调研相结合等方法，加强台账分析，把握工作运行态势，及时查找问题，进行动态反馈，健全动态督导、情况通报、双向反馈机制。要有锲而不舍和"咬定青山不放松"的精神，突出抓关键点、疑难点、薄弱点，探索督查工作规律，保证工作按照目标任务持续推进，不断通过化解难题开创工作新局面。

轻松一刻

写字如同带兵打仗

西汉大臣萧何的字写得非常好，尤其擅长用秃笔在牌匾上写字。一次，有人请萧何为新落成的宫殿题写殿名，萧何苦思冥想了三个月才动笔。写的那天，有人听说萧何想了三个月才动笔，都从很远的地方赶过来看。只见萧何如同带兵打仗一样，手腕的变动好像是在指挥千军万马，写出来的字好像他带领的文臣武将，每一个字都气势磅礴，在场的人无不折服。

选自《百家讲坛·传奇故事》2023年第12期

第四章

例说

敢于担当

为政本色在担当

从古至今，中国人很推崇"士不可以不弘毅，任重而道远"的担当精神。历史上祖逖"闻鸡起舞"的故事，人们耳熟能详。西晋后期，爆发了"八王之乱"。祖逖上书北伐，收复中原。晋元帝司马睿只顾经营东晋政权，对收复失地无心亦无力，于是只给了祖逖一个豫州刺史的空头衔，要他自己去招募军队和制造兵器。在京口登船北上之时，祖逖望着奔腾的江水，感慨万千："祖逖不能清中原而复济者，有如大江！"辞色壮烈，众皆感佩。

祖逖敢于担当的气概和豪情，感动和激励了随行的壮士。祖逖到北方后，战胜了许多困难，组织了一支2000多人的队伍，收复了黄河以南的大部分地区。祖逖中流击楫的英雄气概和敢于担当的勇敢精神，一直被后世所敬仰和传颂。

大凡做大事、创大业者，都是勇于担当的人。他们的忧患意识、使命意识和责任意识都很强烈，敢为天下先、敢于坚持真理、敢担风险、敢作敢为。比认识更重要的是决心，比方法更关键的是担当。满足于四平八稳，浑浑噩噩混日子，避事、躲事、不干事，必然会误事、坏事。

敢于担当是中国共产党人的鲜明品格和政治本色。看一个领导干部是否优秀，很重要的是看他有没有勇于担当的精神。周恩来曾说："干部要有革命热情和担当精神，敢于正视困难、努力解决问题。"担当大小，体现着干部的胸怀、勇气、格调，有多大担当才能干多大事业。

黄克诚与彭德怀相同之处，是都敢讲真话，敢于坚持真理；不同之处是彭德怀火辣到底，黄克诚是刚中带柔。黄克诚一走进革命的队伍，就在彭德怀的领导之下。彭德怀和黄克诚相识于1930年初。当时，黄克诚刚被派到红五军中任纵队政委。在攻打江西修水县城时，彭德怀来到了枪林弹雨的最前线。他通过望远镜看到担任主攻任务的黄克诚纵队几次强攻受阻，先行爬上云梯的战士纷纷中弹掉了下来。在这紧急关头，只见黄克诚手持一把寒光闪闪的大刀，冒着弹雨带头爬云梯。在他的带动下，指战员们争先爬上云梯，迅速登上城墙，奋勇杀敌，把红旗插上了城头。后来，彭德怀对别人说："修水一仗让我认识了黄克诚。"

担当和作为是一体的，不作为就是不担当，有作为就要有担当。具有当仁不让的担当精神，忠诚履责、尽心尽责，勇于担责、不畏风险，是领导干部责任感、使命感的具体表现。要养成担当的习惯，锤炼担当的意志，树立担当的作风，提升担当的能力。

2002年11月，国内出现了第一例非典病患。面对突如其来的疫情，钟南山临危请命："把所有的重病人都送到我这里来……医院是战场，作为战士，我们不冲上去谁上去？"2020年，当武汉被不明疫情笼罩，人心惶惶中，钟南山再次出征，展现了一位科学家的担当和奉献精神。

对领导干部而言，"宁可一件事不多做，生怕多做会出错"的看法绝不可取。如果在日常工作中不敢担当，任何工作都可能成为拦路虎。要摈弃遇到问题讲"客观"、解决问题讲条件、回避问题找借口、平平安安占位子、舒舒服服领票子、庸庸碌碌混日子的错误思想。"为官避事平生耻，视死如归社稷心。"（元好问：《四哀诗·李钦叔》）对违反原则的事不抓而当老好人，对出格跑歪的事不管而听之任之，对歪风邪气不刹而麻木不仁，问题就会越积越多，风气就会越来越糟。如果没有担当，就失去了领导者的本色和责任，就辜负了组织的信任和重托，就会让群众失望。精神懈怠，不去直面矛盾，不愿担责任，不敢担责任，就是不称职的领导干部。

明朝学者陈继儒说过，看一个人，主要从四个方面看："大事难事看担当，逆境顺境看襟度，临喜临怒看涵养，群行群止看识见。"四个标准中，第一个就是看担当。具有当仁不让的担当精神，尽心尽责、勇于担责、不畏风险，诠释了领导干部忠诚党的事业的赤子之心，体现了从政为官的大德，展现了执政为民的情怀，展示了人生价值的取向。

习近平总书记概括了好干部的标准："好干部要做到信念坚定、为民服务、勤政务实、敢于担当、清正廉洁。"他多次强调：领导干部要有担当，有多大担当才能干多大事业，尽多大责任才会有多大成就，"新征程上，不可能都是平坦的大道"，"领导干部必须有强烈的担当精神"。

担当就是责任，好干部必须有责任重于泰山的意识，坚持党的原则第一、党的事业第一、人民利益第一，敢于旗帜鲜明，敢于较真碰硬，对工作任劳任怨、尽心竭力、善始善终、善作善成。"疾风知劲草，烈火见真金。"为了党和人民的事业，领导干部要敢想、敢做、敢当，做新时代的劲草、真金。

1988年，习近平赴福建宁德任地委书记，建立"信访接待下基层、现场办公下基层、调查研究下基层、宣传党的方针政策下基层"的工作制度。在宁德第一个下访接待日上，他带领当地干部一件一件解决老百姓的问题，并总结道："我们工作目的是为人民服务，不仅要对上面负责，而且要对群众负责，为人民做主。"他深厚的为民情结、强烈的担当意识，为领导干部作出了示范。

　　领导干部勇于担当，就是要树立敢为人先的意识，从"稳"的思想、"守"的观念、"怕"的心理中解放出来。敢于担当有风险的事、棘手的事、得罪人的事，不因"避嫌疑而不言"，在矛盾面前敢抓敢管、不怕碰硬，临危不惧、处变不惊，敢于负责、敢于决策，大胆指导，攻坚克难，突破主要矛盾和关键环节，奋发有为；打破陈规、敢于拍板，忠诚履责、尽心尽责，勇于担责、一抓到底，不因"畏繁重而不举"，不因考虑个人得失而追求四平八稳，把自己的才能用到极致。

　　罗阳投身祖国航空事业30年来，秉持航空报国的志向，用生命诠释了自己的报国情怀。20世纪90年代，随着军工行业逐渐复苏，罗阳练就的本领有了用武之地。他曾主持了歼-8系列飞机弹射救生系统重大技术攻关。美国媒体曾公开断言，中国的舰载机最少要用两年时间才能着舰。然而，2012年11月25日，中国用短短的两个月时间在我国首艘航母"辽宁舰"上成功起降歼-15舰载机，弥补了这一领域的空白。他长年超负荷工作，带领工程技术人员攻坚克难，完成了多个重点型号研制，直至生命的最后一息，将航空报国的志向写在了蓝天碧海之间。

　　做事总是有风险的，正因为有风险，才需要有担当。普希金说："大石拦路，勇者视为前进的阶梯，弱者视为前进的障碍。"源于正义的事业、崇高的信念和凛然正气的担当精神，蕴含于心，外化于行。敢于担当是领导干部职责所系、使命使然，凡是有利于党和人民的事情，我们就要保持"等不起、坐不住、慢不得"的紧迫感，发扬高昂的斗争精神，事不避难、义不逃责，敢于向一切艰难险阻"开战"和亮剑，把崇高使命担当起来，敢于较真碰硬、敢于直面困难，自觉把使命放在心上、把责任扛在肩上，展现报国为民的情怀，展示人生价值的取向，不做避事的"太平官"，不捂着乌纱帽做官，不当世故的"老好人"、优雅的"绅士"，努力作出无愧于时代、无愧于人民的业绩。

为官避事平生耻，重任千钧唯担当。领导干部是党的事业的组织者、引领者、推动者，是干部队伍的"排头兵""领头雁""主心骨"，更应在干事创业和担当有为上走在前、做表率。如果只想着当官不想干事，只想着揽权不想担责，只想着出彩不想出力，就背离了担当作为的要求，对政治生态也是一种污染。"一语不能践，万卷徒空虚。"（林鸿：《饮酒》）遇事推诿，在其位而不谋其政，任其职而不尽其责，就不是合格党员，就不配当干部。担当是责任的彰显，更是领导智慧与品德所绽放的人格魅力。勇于担当，为官有为，拒难不畏、担险不惧，一级带着一级干，一级做给一级看，以担当带动担当，以作为促进作为，走在时代的前列。

黄大年，著名地球物理学家，生前担任吉林大学地球探测科学与技术学院教授、博士生导师。1988年，30岁的黄大年成为一名共产党员。2009年12月，黄大年毅然放弃了在英国的优厚待遇，怀着一腔爱国热情返回祖国，成为国家"千人计划"专家。他说："在我们国家从一个大国向一个强国迈进的过程当中，需要很多很多像我这样的人，回来参与建设。"7年间，他带领400多名科学家刻苦钻研、勇于创新，创造了多项"中国第一"，为我国"巡天探地潜海"填补多项技术空白。

2016年11月29日，黄大年在北京去往成都的航班上，疼晕过去两次。可是，当急救车一路开进成都第七人民医院，医生想要为他做初步检查时，却怎么都拿不开他抱在怀里的电脑。过了一会儿，他终于清醒过来，却赶紧摸了摸怀中的电脑，然后长舒一口气，对护士说：

"里面的研究资料可不能丢，项目太重要了。"是啊，他把项目看得比自己的生命还重要。

有为才有位，有德有才还要有担当，有多大的担当就给多大的平台和责任。将激励关爱、能力提升、工作支持、待遇保障向担当者倾斜，树立重实干实绩用人导向，为担当者担当、为负责者负责、为干事者撑腰，让甘愿担当、敢于担当、善于担当蔚然成风。客观、公正、辩证地看待担当者的责任，主动为他们解除后顾之忧，为他们保驾护航、撑腰鼓劲。发挥组织宽容、干事创业氛围的浸润作用，释放出干部容错机制的应有效能。树立重实干重实绩的用人导向，大力选拔敢于负责、勇于担当、善于作为、实绩突出的干部。对个性鲜明、坚持原则、敢抓敢管、不怕得罪人的干部，符合条件的要大胆使用，调整不担当不作为干部，科学实施函询谈话问责。注重对那些在容错机制运行中最终被追责干部的后续关注和持续培养，能够深刻反省、积极改正且表现突出的，可根据工作需要提出使用计划。

奋斗本身就是一种幸福

奋斗是一种积极的生活态度，是一种昂扬的精神风貌。人的智慧和情感在奋斗中萌发，人的理想和追求在奋斗中升腾。战胜艰难险阻需要团结奋斗，实现美好生活需要不断奋斗。在奋斗者眼中，所有的艰难困苦都是生活的试金石，它是磨砺意志、锤炼品行、提升才华的"练兵场"。奋斗使平凡者变得伟大，唯有奋斗才能实现理想，做最好的自己。

奋斗是人生成功最浓厚的底色，也是人生出彩的唯一选择，更是

中国共产党人的永恒姿态和不变初心。伟大的事业不是一马平川、一帆风顺的。奋斗是有志气、有抱负的共产党人走向成功的通行证。艰苦奋斗、接力奋斗、共同奋斗，可以使人磨砺意志、坚定信念、逢山开路、遇水架桥。"艰难困苦，玉汝于成。"共产党人的奋斗观和幸福观，把个人利益融入集体利益之中，激发自身的潜力与斗志，时时以实干求实效，事事以实效论英雄，展现了人生亮点和价值导向。奋斗是艰辛的，需要"明知山有虎，偏向虎山行"的勇气和闯劲；奋斗是长期的，需要"一年三百六十日，多是横戈马上行"的境界和担当。

幸福是奋斗出来的。2018年2月14日，习近平总书记在春节团拜会上发表了重要讲话，其中关于奋斗的论述引起各界点赞："奋斗本身就是一种幸福。只有奋斗的人生才称得上幸福的人生。"领导干部当志存高远、只争朝夕、奋发有为，一起携手并肩擘画出未来发展的美好蓝图。只有奋斗，才能创造更多更好的物质财富和精神财富，才能不断增强成就感、尊严感、自豪感，才能实现社会主义现代化强国。

不懈奋斗的精神，是马克思主义政党保持旺盛活力和先进性的宝贵品格。守成者没有未来，奋斗者书写传奇。一百多年前，一群新青年高举马克思主义思想火炬，在风雨如晦的中国苦苦探寻民族复兴的前途。"钊感于国势之危迫，急思深研政理，求得挽救民族、振奋国群之良策"，这是李大钊追寻真理的心路历程。"天下者，我们的天下；国家者，我们的国家；社会者，我们的社会。我们不说，谁说？我们不干，谁干？"这是毛泽东在《湘江评论》中向青年发出的殷切召唤，更是他奋斗精神的充分彰显。为理想而奋斗是快乐的，同时也是一个艰辛的长期过程。

从来就没有立等可取的成功，也没有一劳永逸的奋斗。共产党人从来都有坚强的意志品质，从来都是以不懈奋斗实现崇高理想。共产党人与人民一道，凭着艰苦奋斗精神，顽强进取，百折不挠，战胜艰难险阻，创建了焕然一新的人民共和国，是中华民族从积贫积弱走向伟大复兴。无数事实雄辩地证明，世界上没有坐享其成的好事，要幸福就要奋斗。奋斗是重要法宝。越是艰苦卓绝，越需要坚忍不拔、踏实奋斗。

理想使奋斗生辉，奋斗使人生壮美。奋斗是一种不惜牺牲自身的拼搏和敢为人先的超越。奋斗能使人励精图治，造就出事业的强者。诚如习近平总书记所言，"幸福都是奋斗出来的"，"奋斗本身就是一种幸福"，"新时代是奋斗者的时代"。条件越好越要居安思危，生活越幸福越不能坐享其成。"志行万里者，不中道而辍足。"（《三国志·吴书·陆逊传》）新时代新征程，还会有风高浪急险阻甚至惊涛骇浪，需要我们发扬筚路蓝缕、披荆斩棘的奋斗精神。

奋斗者是精神最为富足的人，也是最懂得幸福、最享受幸福的人。在奋斗中参与新时代的蓬勃生活，在奋斗中度过有理想的充实人生，在奋斗中实现人生价值最大化。真正的人生幸福主要是一种好的存在状态，而奋斗本身就是这样一种状态。

幸福是"人类共有的精神家园"，是人类奋斗的核心。人生幸福就是拥有金钱，就是吃喝玩乐、安逸享受吗？沉湎于花天酒地的物质生活，陶醉于丑陋、腐朽、畸形的精神生活，绝非真正的幸福；利令智昏，用违纪、贪腐的手段获取不义之财，不仅不能收获幸福，而且必定会受到纪委查处。不奋斗，谁也给不了我们幸福的生活。理想愿望再高远，不懈奋斗，就会逐步接近；目标目的地再近，不去努力，也将咫尺千里。奋斗是一种值得享受的幸福境界。

舒适的生活，能让人享受，也让人产生依赖性和懒惰性，不想离开这个环境，结果对未来的人生失去了动力，最终浑浑噩噩，一事无成。孟子说："生于忧患，死于安乐。"人若没有了忧患意识，就容易成为温水里的青蛙，在逆境中丧失应对困难的能力。

有一篇文章讲了安娜的一段经历。她大学毕业后，通过父母的关系，进入一家企业，做起了行政工作，不忙不累，做的是没有技术含量的杂活。一年后，和她一同进入单位的两个人，陆续辞职换了工作。朋友们劝她去试试其他行业，在这里能力得不到提升，也没有发展前景，可她不以为然，没事就在办公室喝茶聊天，每天准点下班，周末娱乐一样不耽误。到了35岁那年，由于企业效益不好，她被迫失业。10年来干杂活的经历，让安娜的工作履历单薄无力。只能待业在家的她，至今没找到一份工作。

幸福诞生于奋斗的过程中，幸福的真谛在于奋斗。如果说当代青年价值观的最大公约数是什么，那么"奋斗成就未来"无疑是其中之一。奋斗是一种积极向上的人生追求，奋斗本身就是一种幸福，奋斗才是真正的荣耀。有几百万以上的钱财，不去奋斗，不一定幸福。古希腊哲学家苏格拉底说："人类的幸福和欢乐在于奋斗，而最有价值的是为理想而奋斗。"奋斗改变命运，奋斗造就幸福。这里的奋斗是一种获得幸福的手段。说奋斗本身就是一种幸福，则把奋斗与幸福等同起来。奋斗由手段转换成了目的，凸显了奋斗的价值与吸引力。

做最好的领导，就是要不辱党和人民赋予的神圣使命，把忠诚播向中华热土，把奋斗写进崭新时代。开创中国特色社会主义事业，是一项充满艰辛、充满创造的伟大事业。奋斗精神是伟大事业永不衰竭的源泉，也是滋养人才茁壮成长的源泉。奋斗是艰辛的、长期的、曲折的。没有艰辛就不是真正的奋斗。2018年2月14日，习近平总书记在春节团拜会上说："新时代是奋斗者的时代。我们要坚持把人民对美好生活的向往作为我们的奋斗目标，始终为人民不懈奋斗、同人民一起奋斗，切实把奋斗精神贯彻到进行伟大斗争、建设伟大工程、推进伟大事业、实现伟大梦想全过程，形成竞相奋斗、团结奋斗的生动局面。"习近平主席在2025年新年贺词中说："中国式现代化的新征程上，每一个人都是主角，每一份付出都弥足珍贵，每一束光芒都熠熠生辉。"

奋斗是一种精神上的追求，涵盖了顽强拼搏、百折不挠、自强不息、埋头苦干、拼争一流的情操。成就来源于不懈奋斗。奋斗和业绩是走向成功最好的通行证。让我们把奋斗的价值体现在全面实现中华民族伟大复兴之中，让创造物质财富的源泉充分涌流，让愚昧、丑恶、腐败现象远离身边，作出仰无愧于前人、俯不负于后人的非凡业绩。

敢于斗争　善于斗争

文天祥，吉州庐陵（今江西吉安）人。在内忧外患面前，在民族危难时刻，文天祥心系故国和人民，同投降派和奸佞之徒进行了毫不留情的斗争。金戈困围险象生，领兵吹角响连营。文天祥在江西变卖了全部家产，充作军费，组织义军，奋力抵抗元军，历尽艰难险阻，把生死置之度外。1278年，文天祥不幸被俘，昂首挺胸，大义凛然，宁死不跪。文天祥所表现出来的忠勇坚贞、宁死不屈的斗争精神，受到历代人民的敬仰。

斗争精神是中华民族内在的精神特质，是中华民族历经重重磨难、坎坷与战争而又团结统一的精神力量，是在斗争实践中彰显的精神状态，是支撑中华民族勇于攻坚克难、善于应对挑战的精神力量。

斗争精神贯穿于马克思主义发展历程及其立场、观点和方法之中。中国共产党从诞生之日起就充满斗争精神，历经百年风雨，斗争精神依然熠熠生辉。恩格斯指出："矛盾绝不能长期掩饰起来，它们总是以斗争来解决的。"①毛泽东指出，矛盾双方的转化是"依靠事物发展中矛盾双方斗争的力量的增减程度来决定的"，是矛盾双方"斗争的结果"，同时指出"党内如果没有矛盾和解决矛盾的思想斗争，党的生命也就停止了"②。面对各种风险挑战、各种阻力压力，我们要发扬敢于斗争的精神，展现敢于斗争的品格。

敢于斗争、善于斗争也是我们党经受血与火的淬炼、生与死的考验形成的重要历史经验。今天的中国面临着具有许多新的历史特点的伟大斗争。领导干部依然需要发扬一往无前、披荆斩棘、顽强拼搏的斗争精神，破解世界百年未有之大变局。敢于斗争绝不是为了斗争而斗争，而是为了实现人民对美好生活的向往而不懈奋斗。

敢于斗争、善于斗争，是党战胜各种艰难险阻、完成重大使命任务的根本保证。"我们讲的斗争，不是为了斗争而斗争，也不是为了一己私利而斗争，而是为了实现人民对美好生活的向往、实现中华民族伟大复兴知重负重、苦干实干、攻坚克难。"③我们党是在斗争中诞生、在斗争中发展、在斗争中壮大的。中国共产党经过100多年的顽强奋斗，锤炼了不畏强敌、不惧风险、敢于斗争、敢于胜利的风骨和品质，"务必敢于斗争、善于斗争"是党百年奋斗经验的总结。共产党人以顽强不屈的斗争精神、坚忍不拔的斗争意志、高超卓越的斗争本领，高举镰刀和锤头，迎着荆棘和坎坷，进行坚苦卓绝的斗争，在炮火纷飞中浴血奋战，在枪林弹雨中冲锋不止，在敌人的监狱里视死如归，终

---

① 《马克思恩格斯全集》第36卷，人民出版社1975年版，第359页。
② 《毛泽东选集》第1卷，人民出版社1991年版，第306—330页。
③ 习近平：《在"不忘初心、牢记使命"主题教育总结大会上的讲话》，新华社，2020年1月8日。

于完成了惊天动地的革命壮举。在和平建设和改革时期，共产党人栉风沐雨，不畏艰难，勇毅前行，斗争精神成为鲜明的精神标识。

斗争精神贯穿党的百年奋斗历程，也必然要依靠斗争赢得未来。习近平总书记强调"四个伟大"，首次把"伟大斗争"摆在第一位。党的十九届六中全会通过的《中共中央关于党的百年奋斗重大成就和历史经验的决议》，用"十个坚持"系统总结了我们党百年奋斗积累的宝贵历史经验，"坚持敢于斗争"则是其中的一个重要方面。领导干部要主动下基层、去一线、到祖国最需要的地方，在艰苦的环境中磨炼斗争意志，提升斗争能力。

习近平总书记指出："我们面临的各种斗争不是短期的而是长期的，将伴随实现第二个百年奋斗目标全过程。……我们党在内忧外患中诞生、在历经磨难中成长、在攻坚克难中壮大，锤炼了不畏强敌、不惧风险、敢于斗争、敢于胜利的风骨和品质。"①党的二十大报告将"务必敢于斗争、善于斗争"作为"三个务必"之一明确提到了全党同志的面前，把"坚持发扬斗争精神"作为前进道路上必须把握的重大原则之一，号召全体党员"坚持发扬斗争精神。增强全党全国各族人民的志气、骨气、底气，不信邪、不怕鬼、不怕压，知难而进、迎难而上，统筹发展和安全，全力战胜前进道路上各种困难和挑战，依靠顽强斗争打开事业发展新天地"。在2021年3月1日的中青班开班讲话中，习近平总书记强调："年轻干部要自觉加强斗争历练，在斗争中学会斗争，在斗争中成长提高，努力成为敢于斗争、善于斗争的勇士。要坚定斗争意志，不屈不挠、一往无前，决不能碰到一点挫折就畏缩

---

① 习近平：《以史为鉴、开创未来　埋头苦干、勇毅前行》，《求是》2022年第1期。

不前，一遇到困难就打退堂鼓。"①习近平总书记铿锵有力的话语，对于各级领导干部走好新时代"赶考路"具有重大意义。

善于斗争要求领导干部用科学斗争思维应对一切艰难险阻。提升斗争能力，加快政治成熟至关重要。邓小平精湛的斗争艺术，首先表现在他善于从纷繁复杂的诸多问题中，迅速而准确地抓住重点问题和关键环节，以点带面实现战略突破，以"一子落"带动"全盘活"，力求斗争效果最大化。邓小平在斗争中既有坚定的原则性，又在策略问题上灵活机动，刚与柔相得益彰。邓小平始终坚持实事求是的原则，自觉根据事物的现实状况和发展趋势，及时调整斗争方向，真正做到因事制宜。

要掌握马克思主义立场观点方法，夯实敢于斗争、善于斗争的思想根基，经受严格的思想淬炼，祛除不会斗争的"无能症"。要树立高度的问题意识，直面改革发展稳定中存在的深层次问题、影响党长期执政的突出问题，直面国际变局中的重大问题，提出解决这些问题的新思路新办法新策略。我们要抓主要矛盾、抓矛盾的主要方面，坚持有理、有利、有节的斗争原则，合理选择斗争方式，及时调整斗争策略，把握斗争火候，在原则问题上寸步不让，在策略问题上灵活机动，讲求斗争实效。坚持战略思维，从全局、长远、大势上解决矛盾，善于从纷繁复杂的矛盾中坚持战略判断和战术决断相统一、坚持斗争过程和斗争实效相统一，以过硬的本领展现作为。要研究新时代斗争的新形态、新特点，如斗争的隐蔽性、联动性，不断提高防范化解风险的能力。要在复杂严峻的斗争中，经风雨、见世面、壮筋骨，提高善于作为解决实际问题的能力。同时，我们还要学会调动一切积极因素，在斗争中求团结、谋合作、促共赢。

———————

① 《习近平谈治国理政》第四卷，外文出版社2022年版，第80页。

共产党人从来都是奔着矛盾问题、风险挑战去的。 共产党人任何时候都要保持革命气节，敢于和善于应对重大挑战、抵御重大风险、解决重大矛盾，保持着百折不挠和英勇顽强的斗争精神。在斗争中争取团结，在斗争中谋取合作，在斗争中争取共赢，经风雨、见世面，经受严格的思想淬炼、政治历练、实践锻炼，不辱使命。

用好赏罚二柄

有功必赏，有罪必罚，赏罚并重，这是古今中外为政者的重要方略。"赏如山，罚如溪。"（《尉缭子·兵教下》）奖励好人好事，要像高山那样坚定不移；惩罚坏事，要像溪水那样畅通无阻。深刻认识奖惩作用，正确运用奖惩方法，做到赏功罚过、赏罚分明，才不失为有胆量、有智谋的领导者。

历史上，舜由于惩治四恶得当，获得了百姓拥戴。舜将共工流放到北方的幽州，将欢兜驱逐到南方的崇山，将三苗投弃到西方的三危，将鲧放逐到东方的羽山。这四个罪人得到惩处，天下人都心悦诚服，赞美舜帝的善行。

古时贤明的君主，惩罚不超过其罪行，赐爵不超过其德行，因此，行善者能得到勉励，做坏事者会感到沮丧，威信传布如同流水，风气改变似有神助。《群书治要》强调，为政者用好赏罚两把权柄，对治国理政具有至关重要的作用。《文子·上义》记载，善于奖赏的人，所用的花费少而得到劝勉的人多；善用惩罚的人，使刑罚不多就能禁止奸邪。南朝沈约有言："无赏罚，虽尧舜不能为治也。"没有奖赏和惩罚，即便是像尧、舜那样圣明的君主，也治理不好国家。韩非子明确提出了客观公正、严明奖惩的处事原则："诚有功，则虽疏贱必赏；诚有过，则虽近爱必诛。疏贱必赏，近爱必诛，则疏贱者不怠，而近爱者不骄也。"（《韩非子·主道》）傅玄说："治国有二柄：一曰赏，二曰罚。"赏可以劝善，罚可以惩恶，"赏罚明，则德之至者也"（《管子·枢言》）。无情未必真豪杰。要做到柔中有刚，刚中有柔，既维持原则，又不失灵活。赏罚严明，可以引发劝善惩恶的效果，劝勉民众主动积极向善、改过远罪，使社会风尚自然趋向良善。

只有公正无私，劝善惩恶才能起到效果，否则人们就会质疑赏罚的结果。赏罚两者万万不能片面运用。只赏不罚，容易造成军心懈怠；只罚不赏，则容易引起军心不稳。煦煦为仁，对人太宽厚，只有柔和恩而没有刚和威，那么部属就会散漫，产生骄躁之气，恣意妄为，便约束不住，足以堕纪而误政事，甚至有的人会欺负你，你控制不了局面。对人太严厉，只有刚和威而没有柔和恩，专爱用惩罚手段，下属就会感觉你太严厉而惧怕你，产生抱怨，貌合神离，离心离德，则会树敌，就会万马齐喑。只有将二者结合起来，恩威并用，才能使下属、民众心悦诚服，使领导拥有权威。

岳飞对于违抗军令、破坏军纪者，不管亲疏远近、官职大小，一律严惩不贷。傅庆是一位深受岳飞喜爱的部将与故旧，可他高傲骄狂，心怀异志，屡犯军纪。楚州之战后，他争功抢赏，扰乱军心。岳飞毫不宽容，亲手烧掉了傅庆的战袍，碎其金带，忍痛传令，将傅庆斩首示众。这种秉公论处、大义无私的治军态度，对将士起到了极大的教育作用。

要坚持法律面前人人平等，以公平为规矩，以仁义为准绳。奖赏时，别忘了奖励有功的人物，不遗漏疏远之人；惩罚时，敢于处罚有罪的大人物，不偏袒亲戚权贵。诸葛亮是一个重情义的人，与马谡交情甚好。在马谡犯下大错的时候，他公正执法，又能"挥泪"，树立了自己的权威，让马谡心中无憾，让其他下属看到丞相重义气，笼络了军心。《三国志·蜀书·诸葛亮传》评价诸葛亮为政严明时说："尽忠益时者虽雠必赏，犯法怠慢者虽亲必罚，服罪输情者虽重必释，游辞巧饰者虽轻必戮。"对竭尽忠心有益时政者，即使是怨仇也必定奖赏；对触犯法律做事懈怠者，即使是亲信也必定惩罚；对承认罪过真情悔改者，即使罪重也必定释放；对以游辞伪饰罪恶者，即使罪轻也必加严判。诸葛亮是治国理政的杰出人才，可与管仲、萧何相媲美。

赏罚并重必须适度，防止过头和不及。过头为过度，不足为失度。 领导者在使用惩罚性手段时，应做到合情合理。所谓合情，就是惩处方式不能过于偏激，经常批评下属、员工就会让对方感受不到成就感。施威不宜把话说过头，言辞不可生硬，能为对方所接受。所谓合理，就是惩处要有理有据，符合有关纪律、制度的精神，分寸适度，使被惩处者心服口服，无话可说。

部属作出成绩，要信任他、尊重他。有一天，美国 IBM 公司董事长沃森带着一个国家的王储参观工厂，走到厂门口时，被两名警卫拦住："对不起，先生，您不能进去，我们 IBM 的厂区胸牌是浅蓝色的，行政大楼工作人员的胸牌是粉红色的，你们佩戴的粉红色胸牌是不能进入厂区的。"董事长助理彼特对警卫叫道："这是 IBM 的董事长沃森，难道你不认识吗？现在我们陪重要客人参观，请放行吧！"警卫说："我当然认识沃森董事长，但公司要求我们只认胸牌不认人，所以必须按照规定办事。"沃森看到这样尽责的警卫非常高兴，非但没有责怪，而且给予表扬，并安排助理赶快更换了胸牌。

赏是激励民众、发动民众的法宝，罚是使民众弃恶从善、改邪归

正的锐器。执行和落实惩罚制度虽然会使人痛苦一时，但绝对有必要；优柔寡断、瞻前顾后，就会使制度成为摆设。奖励是对一个人才贡献的实实在在的肯定，可以激发人的荣誉感，培养人的上进心。有贡献就得奖励，奖励要奖励得合适。确实是工作做得好、贡献大的，要多奖；做得一般的，一般地奖；做得差的，不奖或罚。

就赏与罚的关系而言，赏所达的政治境界比罚高。赏罚分明，首先要坚持奖励为主、惩罚为辅的原则，把赏与罚有机结合起来。心理学认为，要促人进步，表扬比批评的效果更佳。金世宗从自己为政的实际中体验到"专任责罚，不如用赏之有激劝也"。唐代杜佑说："赏无度，则费而无恩；罚无度，则戮而无威。"明代洪应明有言："恩宜自淡而浓，先浓后淡者，人反忘其惠；威宜自严而宽，先宽后严者，人必怨其酷。"

唐太宗懂得，只有精神奖励是不够的，精神奖励加上物质奖励，才会有强烈的效果。他在激励大臣过程中，还使用了视觉化的表彰系统，就是让大画家阎立本在凌烟阁绘制二十四功臣画像。这种做法让功臣及其子孙都感到非常自豪。

赏不在丰厚，所虑在于是否公正；罚不在重，所虑在于是否恰当。"赏贵当功而不必重，罚贵得罪而不必酷"（《抱朴子·用刑》）。行赏贵在和功劳相当而不必赏得很多；处罚贵在和罪过相当而不必罚得很重。赏罚不以个人好恶为标准，不以他人私意为尺度，不以"怒而滥刑"，不因"喜而谬赏"。赏罚不当，就会导致伤害贤良，进而影响国家治理。《左传》云："善为国者，赏不僭而刑不滥。赏僭，则惧及淫人；刑滥，则惧及善人。若不幸而过，宁僭无滥。"善于治理国家的人，赏赐不过分，刑罚不滥用。赏赐过分，就怕赏给邪人；刑罚滥用，就怕伤及善人。如果不幸赏罚过当，那么宁可赏赐过分，也不可滥用刑罚。

须披胸臆亲诤友

唐太宗李世民能思己过，鼓励纳谏。他曾经提出"三镜说"："人欲自照，必须明镜，主欲知过，必藉忠臣。""以铜为镜，可以正衣冠；以古为镜，可以知兴替；以人为镜，可以明得失。朕尝宝此三镜，用防己过。"李世民之所以能够成为一代明君，恐怕与他重视、采纳、褒奖魏征的直言劝谏有关。如果魏征遇到的是一位"一贯正确"的领导者，一位听到逆耳之言就反感的上级，或是一个不爱江山也不爱贤才的昏君，恐怕就很难促成"贞观之治"。

唐太宗曾对身边的大臣说："臣下回答帝王的时候，大都顺从旨意而不违背，甜言蜜语以求得帝王欢心。我想知道自己的过失，你们必须指出我的过错。"刘洎说："……近来有人上书发表意见而不合旨意，有时您当面反复责问，上书人无不惭愧地退下，这恐怕不是鼓励提意见的做法。"唐太宗道："您说得对，我应改正。"

唐太宗修洛阳宫以备巡幸。给事中张玄素上书谏，以为"陛下役疮痍之人，袭亡隋之弊，恐又甚于炀帝矣"。唐太宗问张玄素："卿谓我不如炀帝，何如桀、纣？"张玄素答曰："若此役不息，亦同归于乱耳！"唐太宗没有发怒，而是采纳了他的意见，立即下令停工，而且奖励张玄素彩二百匹。由于唐太宗虚怀若谷，从谏如流，因此贞观时期政治清明，人民安居乐业，国家日益富强。

为政者是否容得下不同意见、容得下尖锐批评，从善如流、闻过则喜，直接关系着一个地区、一个单位的兴衰，不可不重视。马克思说："真理通过论战而确立，历史事实从矛盾的陈述中清理出来。"① 如

---

① 《马克思恩格斯全集》第28卷，人民出版社1973年版，第286页。

果只听一方面的意见，就容易偏信，作出错误判断。

励精图治之君，繁荣昌盛之世，无不竭诚待下，从谏如流；无不直臣盈庭，竞献其策。只有多方面听取不同意见，才能明辨是非得失。宋朝开国的时候，群臣之所以敢对宋太祖赵匡胤直言进谏，说明了宋太祖做事并非刚愎自用，一意孤行，不讲道理。不论什么事，只要他真正明白应当怎样做，就会立即放弃原来不正确的态度，按他人建议做。更为可贵的是，他会马上改变原来的态度，毫不考虑是否损伤自己的尊严，而且还表现出很高兴的样子。

毛泽东讲到刘备、曹操、袁绍时说，袁绍那个人就是武断，武断就要失败。如果高高在上、武断独断、任性用权，违规违纪的事就会出现，被查被纠也就不远了。谷俊山等腐败分子身上，有一个共性，就是追求所谓"一呼百应"，搞个人绝对权威。

采集众人智慧，察纳雅言，从善如流，是领导者优化思维能力的应有之义，也是领导者获得和珍惜众人追随、服从和支持的重要标志。领导干部要用好"广角镜"，勇纳理政之良方。要经常深入基层、深入群众，广开言路。多听别人的意见，勇纳净言，有利于集思广益、协调上下级关系，及时将群众的智慧转化为推进工作的决策。

耳边常有谔谔之言，可以清醒头脑、警钟长鸣、防微杜渐。强制权是构成领导力的重要因素，但不是唯一因素。强制权用得太过，以强制手段束缚下属，"我让你怎么做，你就怎么做"，就是耍权威，与民主决策相悖。领导干部决不能认为自己"一贯正确"，在所管辖范围内搞"一言堂"。如果胡拍板、乱指挥，拒绝接受正确意见，文过饰非，就会把新思想扼杀在摇篮中，损害下属的工作热情。做人为官，要有自己独特的本色。如果一味喜欢听奉承话，认为耿直的人讨人烦，不愿听谔谔之言，身边溜须拍马的人就会多起来。

下属和群众的某些不同意见，往往蕴藏着真知灼见，有利于丰富自己的思维，完善决策的思路。领导干部听到的只有"是"，听不到或很少听到"否"，绝不是什么好事。讨论、争论问题时，要心平气和，多一点换位思考。无论是委婉的提醒和劝说，还是比较直接甚至有些鲁莽的反映和批评，都应该接受。"君之所以明者，兼听也；其所以暗者，偏信也。"（王符：《潜夫论·明暗》）要让人把话讲完，多听谔谔之言，广开言路，择善而从，把批评意见作为一面镜子，时时对照检查自己的思想和工作。

毛泽东曾经多次强调："要善于倾听下面干部的意见，先做学生，然后再做先生；先向下面干部请教，然后再下命令。"[1]重要文件和决定，先向下级干部征求意见，甚至试行一段时间，有时还要上上下下反复多次，经过实践检验，并集中各方面的意见，才作出决策，形成正式文件，这是以毛泽东同志为核心的党中央留下的一个很好的传统。

容纳不同声音，是博采众长、补己之短板的良方，是办好事情、避免失误的法宝。《菜根谭》中说："耳中常闻逆耳之言，心中常有拂心之事，才是进德修行的砥石。"耳中常听到那些不中听的话，心中常存些不如意的事，对于提高修养、陶冶情操来说，是有益的磨炼。谁也不可能完美无缺，不犯一点错误，一旦遇到有的人"拿着棒槌当针（真）"，直接指出你的问题，就应及时改正，切莫听不进逆耳之言。有的领导干部听不进不同意见，或者只把"纳谏"挂在嘴上，只是掬着"礼贤下士""从谏如流"的笑脸，但无任何听取直言批评的实际行动，久而久之就没人愿提、无人敢提意见，结果成了孤家寡人。历史的经验和教训值得汲取。

---

① 周国剑：《毛泽东的智慧与当代领导艺术》，时事出版社2016年版，第188页。

　　要用欣赏的眼光和宽广的胸襟对待各类意见，兼听民意，察纳雅言。"须披胸臆亲诤友，莫让殷勤嬖明眸。"如果认为下级或群众提意见直来直去、声调高些就是不尊重，认为是与自己离心离德，这是缺少智慧和自信的表现。如果以个人好恶来分优劣，偏执地相信自己的判断，喜欢奉承，一意孤行，就会使一些人变得圆滑世故，按领导的眼色行事，就会出现工作失误。"高价征收"不同意见，鼓励人们讲真话、实话、心里话，虚心听群众的"牢骚话"，善于从别人的角度看问题，透过别人的眼睛看世界，把这些宝贵的意见研究清楚，从赞扬之声中增添动力，从谔谔之言中理清思路，从建议之语中举一反三，才能不出或少出纰漏。

　　习仲勋任广东省委第二书记时，收到了惠州地区检察分院干部麦子灿写来的一封批评信。这封信的用语之尖锐，非一般人所能承受。习仲勋在会上却自曝来信，说："这封信写得好，还可以写得重一点。下面干部敢讲话，这是一种好风气，应当受到支持和鼓励。不要怕听刺耳的话，写信的同志相信我不会打击报复他，这是对我们的信任。"这种善于兼听、闻过则喜的境界，体现了习仲勋海纳百川的雅量、从善如流的智慧、虚怀若谷的胸襟。

　　真正的高明和正确，在于放下身段，博采众议。领导干部在制定方案或实施决策中出了偏差或失误，说一声"这是我的错"，主动承担责任，表示歉意，也是一种"示弱"，人们会对你表示尊重。要把人家的善意批评当作纠正过错、改进工作的"催化剂"，而不要立即顶回去，不宜抢先定调，更不要强词夺理、堵塞言路。正如习近平总书记所言："对批评意见，要本着有则改之、无则加勉的态度，决不能用'批评'抵制批评，搞无原则的纷争。"

　　善于汇集别人闪光点的人，他的身上就增添了光辉。要有善纳嘉言的勇气和虚怀若谷的胸襟，化他人批评为自我认同，对提出批评意见的包括提了错误意见的同志，宽容以待。若能善于倾听下属和基层同志的意见，尊重多数人的意见，允许不同声音存在，融汇众人智慧，才能了解掌握各方面的情况，作出理性判断和正确决策，使我们的事业兴旺发达。

常学松柏傲霜姿

在生活和工作中，很难事事如意，困难和挫折总是伴随着人们。办事受阻者有之，遭人讥讽者亦有之。然而遭受挫折并不可怕，可怕的是心灰意冷，怀忧丧志；遇到失败也并不可怕，可怕的是一蹶不振，轻言放弃，停止前进的脚步。失败并不可耻，"自古雄才多磨难，从来纨绔少伟男"。

坚强的意志、顽强的毅力，是人生中最宝贵的东西，比天资聪明更为重要。 隋大业十三年（617），李渊在向战略制高点长安的进军途中，遭遇了许多挫折和困难，但李世民钢铁般的意志力起了很大的作用。在霍邑战役中，唐军遇到了连绵的阴雨天气、道路泥泞和粮草困难。前进还是后退？这是李渊父子遇到的重大挑战。当时，多数人主张退回太原，李渊只好表示同意。李世民情急之下，夜哭军帐，最后说服李渊收回撤退的成命，坚持向长安进军，扭转了大唐创业初期一次可能的大失败。

古今中外承担大任、成就大事的人，不惟有超世之才，亦必有坚忍不拔之志。 商汤系于夏台，文王囚于羑里，重耳奔于翟，小白奔于莒，勾践臣于吴，刘邦臣于羽。唐代黄檗禅师的《上堂开示颂》云：

"不经一番寒彻骨，怎得梅花扑鼻香。"成就大业不仅需要才能出众、领袖群伦，更需要有坚忍不拔、刚毅奋进的意志品质。

孙中山先生有言："吾志所向，一往无前，愈挫愈奋，再接再厉。"对此，习近平总书记给予了高度评价："孙中山先生的革命生涯屡经挫折、备尝艰辛，但为了'造成独立自由之国家，以拥护国家及民众之利益'，他从不因失败而灰心，也从不因困难而退缩，坚信'吾心信其可行，则移山填海之难，终有成功之日；吾心信其不可行，则反掌折枝之易，亦无收效之期也'，坚信只要'精神贯注，猛力向前，应乎世界进步之潮流，合乎善长恶消之天理，则终有最后成功之一日'。任何外来威胁、内部分裂、暂时失败都不能动摇孙中山先生的革命意志，直到卧病弥留之际，他念念不忘的仍是'和平、奋斗、救中国'。"①

不经过风雨的洗礼，就难见亮丽的彩虹；缺乏挫折的考验，哪有辉煌的人生？马克思说过："人要学会走路，也要学会摔跤，而且只有经过摔跤他才能学会走路。"②马克思家境富裕，23岁拿到博士学位，24岁开始担任《莱茵报》主编，25岁娶了出身贵族家庭的燕妮。但是，他抛弃了优渥的生活，选择了"最能为人类福利而劳动的职业"，为工作和革命颠沛流离40年，有时穷到买不起面包，甚至要当了衣服去买稿纸。当《政治经济学批判》书稿写成后，他竟穷到没有钱买邮票，无法把书稿寄到柏林去出版。《资本论》的稿费低到只相当于他写作时抽掉的烟钱。可他一有了点额外收入，就捐助工人运动。1866年8月，马克思在写给拉法格的信中说："我已经把我的全部财产献给了革命斗

---

① 习近平：《在纪念孙中山先生诞辰150周年大会上的讲话》，新华社，2016年11月11日。

② 马克思：《青年在选择职业时的考虑》，《马克思恩格斯全集》第40卷，人民出版社1982年版，第7页。

争，我对此一点不感到懊悔。相反的，要是我重新开始生命的历程，我仍然会这样做。"

严冬到来，霜雪降落后，才能看出松柏的旺盛的生命力。松柏之姿，经霜尤茂。意志品质使人不因穷厄而退，不因艰难而挫。"自信人生二百年，会当水击三千里。"一代伟人毛泽东的经历是近百年来中国人民奋斗不息的历史缩影。毛泽东非常注重意志的磨炼，他指出，"意志也者，固人生事业之先驱也"，唯有意志坚定，方能成就伟业。新民主主义革命时期，为推翻压在人民身上的"三座大山"，毛泽东号召广大党员干部发扬愚公移山的精神，即使困难重重，也要奋斗不息，表示要以决绝的斗争意志赢得革命的最后胜利。新中国成立后，面对诸多亟待解决的困难，毛泽东继续保持不屈不挠、艰苦奋斗的精神风貌和革命气概。他告诫共产党人"一定要有朝气，一定要有坚强的革命意志，一定要有不怕困难和用百折不挠的意志去克服任何困难的精神"。正是依靠这种坚忍不拔的革命斗志，毛泽东带领中国人民完成了社会主义革命，确立了社会主义基本制度，消灭了一切剥削制度，推进了社会主义建设。对此，基辛格曾评价道："毛泽东新思想的主要贡献不仅在于它的战略思想，更在于藐视世界强权、敢于走自己的路的坚强意志。"

我们应当感谢挫折和逆境，它使我们磨炼出坚强的意志，将我们的生命演绎得波澜起伏、跌宕有致。失败不一定就是坏事，而是一种必要的投资。没有挫折和失败的痛苦，哪来成功的欢欣？打垮自己的往往不是别人而是自己，不要把一次的失败看成是人生的"终审"。胜固可喜，败亦欣然。胜亦不骄，败亦不馁。如果一生无失败、无挫折，未免太单调、太无趣、太乏味了。法国作家雨果说："信心只是第二种动力，意志才是第一种动力。"他说："坚强与卓绝的性格是这样培育上来的：艰难往往是后娘又是慈母，困苦能孕育灵魂和力量；祸患是豪杰的乳汁；灾难是傲骨的妈妈。"挫折和苦难是人生的老师。如果说成功不是永远的标签，那么失败也不是。修炼意志品质，要把人生的种种"不如意"变成个人成长成熟的"磨刀石"。

人生之所以崇高，从某种意义上说，就在于对逆境的反抗、在绝境中的奋起。左宗棠有句诗说得好："能受天磨真铁汉，不遭人嫉是庸才。"法国作家福楼拜说："人的一生中，最光辉的一天，并非是功成名就的那一天，而是在悲叹和绝望中奋起的那一天。"《做最好的自己》一书作者李开复有言："挫折不是惩罚，而是学习的机会。"遭受一次挫折，即增一分学识，长一分经验，就是一次新的开始。故挫折愈多，经验愈多，成功也就愈大。

习近平总书记不到16岁就到农村插队，经历了种种挫折和磨难。他后来回忆说："常言说，刀在石上磨，人在难中练。艰难困苦能够磨炼一个人的意志。七年上山下乡的艰苦生活对我的锻炼很大，后来遇到什么困难，就想起那个时候，在那样困难条件下还可以干事，现在干嘛不干？你再难都没有难到那个程度。这个对人的作用很大。一个人要有一股气，遇到任何事情都有挑战的勇气，什么事都不信邪，就能处变不惊、知难而进。"他主政以来的卓越政绩与早年锤炼而成的意志品格是分不开的。

许多事实证明，挫折是宝，能给人带来转机，使人保持乐观态度，愈挫愈勇，一往无前，在"山重水复"中看到"柳暗花明"。挫折是金，成为宝贵的人生财富，能使人高贵。挫折是铁，能使人不衰，愈战愈奋，战中取胜，谱写人生雄壮之歌。邓小平同志说过："过去的成功是我们的财富，过去的错误也是我们的财富。"不经挫折的成功，只是天方夜谭。一次挫折就是一次提醒，督促人们分析问题，冷静思考思路是否对头、决策是否得当。成功的经验大多相似，失败的原因却千差万别，因而从失败的教训中学到的东西，往往要比从成功的经验中学到的更管用更珍贵。因此，一个人即使经历九九八十一难，也不一定就是坏事。

一个聪明的人，辅之以意志品质，就能成就事业，实现理想。正如法国科学家巴斯德所言："字典里最重要的三个词，就是意志、工作、等待。我将要在这三块基石上建立我成功的金字塔。"英国罗素曾说："希望是坚韧的拐杖，忍耐是旅行袋；扶着这支拐杖，背起这个旅行袋，就可以登上漫长的人生旅程。"美国爱迪生有语："伟大人物最明显的标志，就是他有坚强的意志，不管环境变换到何种地步，他的初衷与希望决不会有丝毫的改变……"

越是艰苦的环境，越能考验人、磨炼人。艰难困苦，玉汝于成。正如俄国大文豪托尔斯泰所说："人需要在碱水、血水、清水中泡三次才能完美。"莎士比亚说过："雨能穿石。"人生好像古希腊神话中终身服苦役的西西弗斯，"推一块石头上山，石头不停地滚下来又推上去"。德国诗人歌德如是说。他告诉世人："我一生基本上只是辛苦工作，至今我已75岁，没有哪一个春夏秋冬是真正舒服的生活。"

领导干部是党的事业的中坚，也是各单位的骨干，使命光荣，责任重大。不少年轻领导干部从家门到校门再到机关大门，经历比较单一，没有吃过苦，没有真正体验过生活的艰辛，缺乏在艰苦环境中的磨砺，缺乏对意志的锤炼，也缺乏对基层职工群众的感情，还有的经不起权力、地位的考验。人民网和中国共产党新闻网的一项调查显示，93.3%（1853票）的网友认为"目前大多数年轻干部工作经历偏单一"；43.1%（1095票）的网友认为应"在多岗位和一线的实践中锻炼年轻干部"。

在艰苦复杂的环境中锻炼干部，既是对干部进行能力培养，也是对干部进行成长观教育。要选派优秀干部到基层工作，到艰苦地区、复杂环境、关键岗位砥砺品质、锤炼作风、经受考验，给干部早压担子、多压担子、压重担子，使其养成在挫折、责难甚至失败面前百折不挠的进取意志和乐观向上的精神状态，提高做群众工作的本领、处理实际问题的能力，培养同职工群众的深厚感情。

"行百里者半九十。"越是接近目标，越不能松懈，必须坚忍不拔、锲而不舍地持续奋斗。"用特殊材料制成的"共产党人，一定能够将艰苦磨炼作为自己的修身之道，在困难、挫折中锤炼意志，在艰险、患难中铸造品质，勇于担当，不懈拼搏，书写自己磨炼意志的奋斗之歌，在奋斗中抵达心中的美好生活，书写无悔的奋斗人生。

干果与桌子孰轻孰重

唐朝监军张承业执法严明，不苟言笑。他每次设宴，案上摆的干果点心，百官都不敢先尝，只有官员马郁大大咧咧，把面前的食物吃得干干净净。张承业有心为难马郁，再次设宴时令人将坚硬的干藕子放在马郁前面。不料马郁从靴中拿出一件铁器，敲碎而食，张承业大笑说："我还是为你摆上珍果吧，以免打坏我的饭桌。"

选自《百家讲坛·传奇故事》2023年第12期

第五章

例说

提升本领

解决本领恐慌在于学习

马克思曾用家犬与猎犬的差别，来说明人与人之间的先天差别很小，主要是后天勤奋学习和分工逐渐拉大距离的。一个人本领的大小、能力的强弱，从根本上说也是由学习决定的。江郎早期刻苦学习，起步很早，功成名就，后来陷入平庸，不是能力不足，而是放松学习，勤奋不够。

中国历史上的五代十国，"其兴也勃焉，其亡也忽焉"，多为混乱无序，但也蕴含一些变革，造就了若干挥舞长枪大戟的战士，也造就了一批读书不多却富有政治才干的文臣。赵普是宋太祖的主要谋士、北宋的开国元勋，担任宰相达12年之久，参与了许多重大方针政策的制定。

赵普年轻时没有打下厚实的学问功底，缺少做宰相的知识水平，还因此闹过笑话。赵匡胤多次劝勉赵普多读书。论年龄，他倾心向学时已过不惑之年；论工作，他长期身居要职，日理万机。尽管如此，赵普却"手不释卷，每归私第，阖户启箧取书，读之竟日"，并能活学活用，"每日临朝，处决如流"。后来，家人打开书箱一看，发现他读的是一部《论语》。于是，民间便有了赵普"半部《论语》治天下"之说。

干出突出业绩，首先得益于学习，因为学习是学问之本，不学是愚昧之根。"学则智，不学则愚；学则治，不学则乱。"（黄宗羲：《明儒学案·甘泉学案五》）王安石聪明过人，读过的书终生不忘，写文章下笔如飞，知识非常渊博，但他仍然重视学习，一生手不释卷。王安石在《伤仲永》这篇文章中，讲了一个神童沦为平庸之辈的故事。康熙帝一生勤奋好学，博览群书，识通古今，并以前代治乱的经验教训作为安邦治国的鉴诚，故能平定三藩，统一台湾，抗击沙俄侵略，从而奠定了康乾盛世的基础。曾国藩第一次会试落第后，便作江南之游，沿途拜师求教。他将衣物当了100两银子，买下整套"二十四史"，然后认真研读。曾国藩是一位半路出家的儒将，在带兵期间也念念不忘读书，"每天读史十页，虽戎马生涯，从未间断一日"。他通过读书，领悟了行军打仗之术，实践了报效国家、明道经世的志向。

领导干部"本领恐慌"的具体表现是：在工作中不懂规律、不懂门道，缺乏知识、缺乏本领，在解决问题的时候总是用老一套方法，结果没解决问题，没干成事情，甚至"搞出一些南辕北辙的事情来"。1939年，毛泽东在延安在职干部教育动员大会上讲话时指出："我们队伍里边有一种恐慌，不是经济恐慌，也不是政治恐慌，而是本领恐慌。过去学的本领只有一点点，今天用一些，明天用一些，渐渐告罄了。好像一个铺子，本来东西不多，一卖就完，空空如也，再开下去就不成了，再开就一定要进货。我们干部的'进货'，就是学习本领，这是我们许多干部所迫切需要的。"①在这里，毛泽东把学习形象地比喻成"开铺子""进货"，不学习，铺子就要关门，旨在告诫各级领导干部要有紧迫感，别闹"本领恐慌"。可见，学习是领导干部消除"本领恐慌"的重要途径。"开铺子存货不多"，就要根据"顾客需要"组织货源，看新时代需要什么"货物"，加强学习，才能从容应对"本领恐慌"。

领导干部要有担当的宽肩膀，更要有成事的真本领，而胜任领导

———————————
① 《毛泽东文集》第2卷，人民出版社1993年版，第178页。

职责的内在要求和必由之路，就是通过读书学习来增长知识、增强本领。读书、学习不一定非要做官，但做了官必须多读书、多学习，能判断又善决断，敢担当又会担当。"气血虚弱，谓之身穷；学问空疏，谓之心穷。"（吕坤：《呻吟语·谈道》）捷克教育家夸美纽斯说得形象而辛辣："富人没有智慧岂不等于吃饱了糠麸的猪崽？贫人不懂事岂不等于负重的驴子？美貌而无知的人岂不只是一只具有羽毛之美的鹦鹉，或是一把藏着钝刀的金鞘？"不刻苦读书学习的人，知识就一定会老化，思想就一定会僵化，能力就一定会退化，作风就一定会腐化，就不可能健康成长。

读书学习可以吸收前人的经验和智慧，养浩然之气，塑高尚人格，不断提高人文素养和精神境界。书籍代表知识，获取知识的关键在于学习。唯有学习并运用所学知识，一个人的能力才有可能得到提高。谁最爱读书学习，谁就最有底气。习近平总书记说："各级领导干部要加快知识更新、加强实践锻炼，使专业素养和工作能力跟上时代节拍，避免少知而迷、无知而乱，努力成为做好工作的行家里手。"[①]管理学中有一个著名的"木桶原理"：木桶能盛多少水，不取决于最长的那块木板，也不取决于木板平均的长度，而是由最短的那块木板决定的。要想使木桶多盛水，就需要把最短的那块木板加长，使其增加高度，这样才能提高整体优势。这个原理告诉我们，领导干部要有忧患意识，如果个人有哪些方面是"最短的一块"，就应该考虑尽快把它补起来；如果你所领导的团队存在着"一块最短的木板"，就一定要迅速将其加长，否则可能会造成很大的损失。

新时代呼唤真抓实干、有真本事的领导者，群众推崇"工作只怕

---

① 习近平：《在庆祝中国共产党成立95周年大会上的讲话》，《求是》，2021年第8期。

行家做"的实干家，不欢迎只会空谈的外行。职务的晋升并不意味着能力也会自然随之提升。领导干部走上新岗位时，应当正确认识自己，功劳簿只能说明过去，应当清醒认识到新职务带来的是更大的责任、更高的要求，因而应当自觉提升自身的素质和能力，练好应对新挑战的"内功"。

我们面临的问题复杂、困难很多，打的"铁"比较坚硬，需要领导干部懂行，同时兼顾一些综合的知识结构。工作中的许多事情都是这样，关注自己的薄弱环节可以提升自己的综合素质，成为复合型人才，而如果我们始终觉得自己有一方面突出优势就可以的话，就会出现"本领恐慌"，必将被淘汰。有一家公司的营销员到一家酒店为客户预订房间，觉得就餐、住宿条件都很理想。正当他准备选择这家酒店时，看到一个服务员没有敲门，就进了一个房间。当他提出要选定这个房间时，对方却说这个房间已有客人入住，白天不在房间里。这个回答顿时让营销员改变了选择这家酒店的想法。[1]领导干部一定要改变终日埋在事务堆里，被繁杂的小事缠得筋疲力尽的状况，都应有强烈的学习意念和持久的毅力，努力成为"杂家"。

学习可以增强本领，提升人的能力素质，为成为卓越的领导者打下基础。笨鸟先飞，熟能生巧。诸葛攻读多韬略，苏秦发愤终成功。古代士大夫十分珍惜读书时间，勤于利用针头线脑的零星时间多读些书，有"三上"（枕上、马上和厕上）、"三余"（冬者岁之余，夜者日之余，阴雨者时之余）之说。

王世发先生提出读书"三境界"说。"孤舟蓑笠翁，独钓寒江雪"为第一境，说的是读书要静下心来，守住心灵的宁静，耐住寂寞，不

---

① 李军燕、周瑞昌编著：《怎样当好一名中层领导》，企业管理出版社2018年版，第216页。

怕孤独，要专心致志。这是一种"板凳甘坐十年冷"的读书境界。"采菊东篱下，悠然见南山"为第二境，是说读书不仅要能坐下来，还要能读进去。读进去就会沉醉其中，废寝忘食，人与书就会融为一体。这是一种"物我为一"的读书境界。"会当凌绝顶，一览众山小"为第三境。书籍犹如巍峨的高山，绵延不尽，当读到一定的程度，就会高屋建瓴，对事物的认识就会更深更透，心胸就会豁达、宽广，显示一种博大的胸怀和宏伟的气魄。这是一种超越自我、超然物外的至上境界。

知识是能力的基础，知识能转化成能力。毛泽东同志说过："以其昏昏，使人昭昭，是不行的。"长征途中，有的红军战士把字贴在后背上，后面的人边行军边认字。延安时期，抗日军政大学流行"认字就在背包上，写字就在大地上，课堂就在大路上，桌子就在膝盖上"。接管上海时，不少解放军指战员拿到了《城市常识》小册子……这些真实的历史正是中国共产党人求知若渴的最好见证。习近平总书记说："可以说，领导干部的学习水平，在很大程度上决定着工作水平和领导水平。"要带着求知欲望学习，带着实践需要学习，坚持读书、武装头脑，立足实践、瞄准前沿，坚持干什么学什么、缺什么补什么，针对知识"短板"、能力空白、经验盲区，精准化学习，提高专业化能力，增强工作的科学性、预见性、主动性。

读书要多多益善，腹有诗书气自华。习近平总书记在中共中央党校开学典礼上发表讲话时，多次强调学习的重要性。"一个政党要走在时代前列，一刻也离不开理论指导；一个领导干部要做好本职工作，一刻也离不开理论学习。"领导干部的读书学习，要坚持干什么学什么、缺什么补什么的原则。学习是成事之本。大凡富有远见卓识的人、善于理性思考的人、具有敏锐眼光的人、能够成就事业的人，一个首要的前提就是酷爱学习，把学习当作对自身的最好投资，当作成功的最短阶梯。

读书学习要和现实工作有机结合起来，从而真正将学到的知识融会贯通。把看到、学到的东西吸收进来，去伪存真、去粗取精、由此及彼、由表及里，力求将孤立的东西变为相互联系的、粗浅的东西变为精深的、零散的东西变为系统的、感性的东西变为理性的，从而形成正确的工作理念。

保持对"本领恐慌"的危机感、"能力不足"的忧患感，以"无一事而不学，无一时而不学"的紧迫感，坚决摈弃"不思进取不愿学、热衷应酬不勤学、流于形式不真学、浅尝辄止不深学、食而不化不善学"的不良作风。习近平总书记曾以著名学者王国维论述治学的三种境界，勉励领导干部学习理论也要有三种境界，既有"望尽天涯路"的追求、耐得住"昨夜西风凋碧树"的清冷和"独上高楼"的寂寞，也要有"衣带渐宽终不悔，为伊消得人憔悴"的心甘情愿，更要有"众里寻他千百度"的百折不挠，如此方能在"灯火阑珊处"去领悟真谛。这种语言比一般地提学习要求更加妙趣横生、意味深长。

要把读书学习作为一种使命、一种境界、一种追求，下苦功夫读书学习，抓住一切机会，通过各种形式和渠道，挤时间学，抢时间学，多学习一些新知识，多掌握一些真本领，具备"张口能讲、提笔能写、遇事能办"的基本素质，使自己成为做好本职工作的行家里手。

学习要想取得良好的效果，很重要的一点在于理论联系实际，形成崇尚实干、力戒空谈、精准发力的良好风尚。亲历方得真知，向实践学习才是善于学习的表现。应该自觉地把本职工作当学问做，把工作的过程看作学习和研究的过程，把学习研究过程当作工作一样要求。要大力提倡"学习工作化，工作学习化"，把学习与工作看成一个问题的两个侧面、两个视角，使学习和工作有机结合，踏踏实实地提高自身的素质和能力，努力成为博学多才的领导者。

要增强应对复杂局面的本领，真正使读书学习成为工作、生活的重要组成部分，使领导和决策体现时代性、把握规律性、富于创造性。所有领导干部要自觉把学习作为一种生活方式、一种人生境界、一种政治责任，养成好读书的自觉，培养读好书的习惯，以学明理增智，以学修身养德，加快知识更新，优化知识结构，不断提升工作能力，当好新时代的"答卷人"，向党和人民交出优异的答卷。

有字之书与无字之书

古往今来，那些事业成功者都是既善于读有字书，又善于读无字书，甚至从无字书中的获益更大。不经一事，不长一智。通过多读书来获取信息、增长知识、明白事理、增加智慧、认识世界、提高人文素养、提升精神品质和塑造高尚人格，是领导干部胜任工作的内在要求和必由之路，是适应新时代、新任务、新要求的不二法门。

勤于读书、敏于思考、善于研究，历来是人生成长之梯、政党巩固之基、国家兴盛之要。中国共产党从成立之日起，就依靠学习不断发展壮大。1939年5月20日，毛泽东在延安在职干部教育动员大会上向全党要求：学习一定要学到底，学习的最大敌人是不到"底"。情况在不断地变化，不学习怎能跟上变化？学习只有进行时，没有完成时。如果不珍惜宝贵的时间，让时间白白地"从酒桌上过去，从闲谈中过去"，等于在缩短自己的生命。当代领导干部的学习条件比古代不知好多少倍，理应比古人更勤奋、更刻苦。

平时不注重学习，视野就不开阔，对许多事物知之甚少，就可能误事，甚至会落伍。"学则智，不学则愚。"《论语》中有言："学如不及，犹恐失之。"用心做学问，总觉得自己不够充实，还有许多进步的空间，就好像去追赶什么，总怕赶不上，赶上了又怕被甩掉。白居易之所以能写出"在天愿作比翼鸟，在地愿为连理枝"等名传千古的诗句，一方面在于其天赋，另一方面也与后天的学习有很大关系。他"昼课赋，夜课书，间又课诗，不遑寝息矣，以至于口舌生疮，手肘成胝"，但依然勤学不辍。于谦说："书卷多情似故人。"读书是交友的延长，可以广交不同时代、不同地域的朋友，获得许多知识宝藏。

伟人、贤人的宏图大业和崇高美德，无一不是由于刻苦学习、勤奋实践而成功的。 生命之舟要做人生的远航，离不开智慧的双桨。《易·乾》说：有道德的人总是通过学习来扩充知识面，通过探讨来明辨事理。毛泽东工作很忙，但他博览群书、博闻强记，是众所周知的。即便是短暂的外出视察，他也不忘让工作人员带上书籍。读书、编书、荐书和讲书，形成了毛泽东鲜明而独特的文化个性，从而散发出一种令人折服的文化气息和智慧力量。

领导干部应当利用自己的优势，珍惜光阴、不负韶华，如饥似渴学习，一刻不停提高，通过读原著、学原文、悟原理，汲取新理论新知识。 2021年9月1日，习近平总书记在中央党校（国家行政学院）中青年干部培训班开班式上发表的重要讲话中指出，"要发扬'挤'和'钻'的精神，多读书、读好书，从书本中汲取智慧和营养。要结合工作需要学习，做到干什么学什么、缺什么补什么"。领导干部应当把善读书、勤读书、读好书，多一些书卷气，作为一种使命、一种追求、一种乐趣，融入美好人生和工作之中，使一切有益的知识和文化入脑入心，沉淀在我们的血液里，运用于工作的实践中，做到生活学习化、工作学习化，提高自身素养，增强发展后劲，为全面建设社会主义现代化国家创造新的业绩。

韩愈诗云："将军欲以巧伏人，盘马弯弓惜不发。"骑马盘旋不进，拉弓满弦不发，形象地描绘了将军射技之精巧和运筹之巧妙。领导干部若想成为工作中的行家里手，也应有"神功巧技"，需要多在实践中锻炼自己。

一个人经历的事情多了，就会逐渐成熟起来，遇事不慌神，做事有智慧，提高做事的成功率。世间有一所大学，没有围墙和教学楼，办学特色是"润物细无声"，里面的课程都是"无字之书"，这所大学的名称就是"社会实践"。陆游诗云："纸上得来终觉浅，绝知此事要躬行。"从书本上学习的东西毕竟根底未深，只有经过知行合一、亲身践履，才能加深认识，因而须善读"无字之书"，躬行实践，获取切身体验，掌握本领。《红楼梦》第五回有一副联语"世事洞明皆学问，人情练达即文章"，说的也是"无字之书"的妙用。"能读无字之书，方可得惊人妙句。"清人张潮在《幽梦影》中的说法可谓妙论。

王阳明出身书香门第，是个读书人，11岁就能当众赋诗。无论居庙堂之高，还是处江湖之远，他的求学、为学从未停止过，正如《传习录》所言："安得以己之昏昏，而求人之昭昭也乎？"谈及为学，王阳明有一个非常形象的比喻："与其为数顷无源之塘水，不若为数尺有源之井水，生意不穷。"一潭死水，到最后要么干涸，要么发霉发臭，而有源头的井水却能源源不断地流淌着，生生不息，取之不尽，用之不竭。这句话与朱熹的"问渠那得清如许，为有源头活水来"有异曲同工之妙。

王阳明一生波澜壮阔，在身处逆境之时，依然不改其成为圣贤的志向，在道德实践中追求内心的纯粹、境界的超越，最终完成了"内圣外王"的理想。王阳明一边给学生讲课，一边领兵打仗，用心学智慧和军事谋略平定了宁王叛乱。他的心学有独特的迷人之处，展现了中华优秀传统文化的宝贵精华。

王阳明年轻时就遍走四方，了解民风民情。王阳明说过："人须在事上磨练，做功夫乃有益。若只好静，遇事便乱，终无长进。"王阳明后来成为文武全才的儒将，在东征西讨的平叛战争中用兵善出奇谋，高潮迭起，大败对手。他在地方基层社会的军事胜利、地方治理与社会教化活动，使其成为中国历史上极为罕见的立德、立功、立言"三不朽"之人。

马克思晚年给女儿劳拉讲过一则寓言。一个船夫送一位哲学家过河。哲学家问船夫懂不懂得历史，船夫说不懂，哲学家说："那你就失去了一半的生命。"又问懂不懂得数学，船夫说不懂，哲学家说："那你又失去了一半的生命。"这时，一阵大风把小船吹翻，两人都落了水。船夫问哲学家会不会游泳，回答说不会，船夫说："糟了，那你就失去了整个生命！"这则寓言耐人品味，从中可以领悟一个哲理：知识和能力同等重要，二者缺一不可。

善读带着泥土味的"无字之书"，意味着要弯下腰、沉下心，从看似简单的事情中摸清规律、补齐短板，找到干好工作的诀窍。会读有字书，尚处在浅层次；会读无字书，注重实践，才达到了深层次。

迄今为止，中外历史上的领袖人物，很少有人像毛泽东那样能够兼读"有字之书"和"无字之书"，并且在博览深读"有字之书"的过程中达到融会贯通，又有独到的创见。青年毛泽东每到一处，必进行社会调查，了解各方面情况，这其实就是在读社会这本"无字之书"。1917年、1918年，毛泽东"身无分文，心忧天下"，对湖南长沙、宁乡、安化、益阳、沅江、浏阳等地进行了"游学"式的社会调研，加深了他对中国国情的认识，并激发了革命热情。从1927年1月4日起，毛泽东历时32天，步行700多公里，深入考察了湘潭、湘乡、衡山、醴陵、长沙五县的农民运动，并在此基础上写出著名的《湖南农民运动考察报告》。

后来，毛泽东在许多讲话和谈话中，联系古今中外的历史事实，反复说明一个道理：一个人光有书本知识是不行的，一定要投身到社会实际生活中去学习实际的知识。他认为这是最丰富最生动最有用，人生永远学不完的知识。几十年里，他把读"有字之书"之外的时间都用来读天下、国家、万事万物这部天大的"无字之书"，一生下功夫，一生不倦怠，留下了很多动人的传说和故事。无论是读"有字之书"，还是读"无字之书"，毛泽东都是中国共产党人的楷模。

周恩来早年在天津南开学校读书时，曾写过一副自勉联："与有肝胆人共事；从无字句处读书。"他告诫自己，也劝诫青年朋友：交友要有选择，要选良友、净友、益友；读书要注重实践，会读"有字之书"，也要学会读"无字之书"。现实中有太多我们不懂和不了解的东西，需要在实际工作和生活中去感悟、去学习，增长见识和经验，学习解决问题的方法。领导干部须有"本领恐慌"和"知识饥渴"的意识，有"一日不学，就会落伍"的紧迫感。

善读"无字之书"，就要到实践中，向领导学、向群众学、向同事学，边工作边领悟，边学习边体会。 习近平总书记说："每个人的世界都是一个圆，学习是半径，半径越大，拥有的世界就越广阔。"细品总书记的要求，这个"半径"不仅是要读"有字之书"，画圆于知识领域，而且是要读"无字之书"，画圆于社会实践，努力成为有真才实学、堪当大任、能做大事的人才。领导干部的成长，不是一朝一夕的事，没有捷径可走，需要长期的递进式历练，需要完成从思想到行动、从理论到实践、从品德到作风的系统全面转化。习近平总书记在十九届中共中央政治局第一次集体学习时的讲话中指出："本领从实干中来，要在实践中摸爬滚打、汲取营养、积累经验、增长才干。"

学历高不意味着水平高，不等于本领强，不能躺在高学历上吃老本。增长学识、才干的根本途径，在于勤奋学习、广取博收、学以致用。若想既敬业又专业，就要有思想、有观点、有方法，就须勤学习、多实践、善观察，将习得的经验转化为与工作实际合辙相宜的方法，真正能够为我所用。带着问题，带着思考，将社会实践这本"无字之书"读到实处、学到实处、用到实处，视野会更加开阔，工作水平可以得到新的提升。

辩证思维贵于金

智慧之门，要用思维的钥匙打开。如果没有良好的思维品质，现代文明的许多神话般的奇迹就不会出现，也许我们还过着茹毛饮血的原始生活。良好的思维品质是才能的马达、创新的钻机，"它可磨砺思想的锋刃，可浇铸智慧的大锤，可锃亮信念的犁铧"。人作为万物之灵，其神奇力量来自头脑特有的思维功能，正如马克思所言："蜘蛛的活动与织工的活动相似，蜜蜂建筑蜂房的本领使人间的许多建筑师感到惭愧。但是，最蹩脚的建筑师从一开始就比最灵巧的蜜蜂高明的地方，是他在用蜂蜡建筑蜂房以前，已经在自己的头脑中把它建成了。"

任何事物都包含着相互对立的两个方面，二者相互依存、相互包含、相互转化而又趋于统一，这是合乎辩证法的重要思想。辩证思维，是唯物辩证法应用于思维过程和思维方式的一种总体性的思维方式。

辩证思维体系包含矛盾、主次、整体，以及发展。矛盾具有普遍性、客观性，无处不在，无时不有。矛盾又有主次之分，这就给解决矛盾提供了有效的思维途径：优先解决主要矛盾的主要方面，以此带动其他矛盾的解决。

事物是复杂多样的，因而应从多种角度去观察、去探索，才有可能获得全面、正确的认识。思维的正确与否是事情成败的关键。考虑问题如果局限于一个点、一条线、一个面上，不会换个角度思考，不愿多想几种可能性，那么一旦出现意外，就会茫然失措，甚至会把事情搞糟、搞砸。法国哲学家埃米尔·查蒂尔说："如果我们只有一个主意，那么没有比这主意更危险的东西了。"习近平总书记在多个重要场合下都强调："辩证唯物主义是中国共产党人的世界观和方法论。"并明确指出，"辩证思维能力，就是承认矛盾、分析矛盾、解决矛盾，善于抓住关键、找准重点、洞察事物发展规律的能力"。

在相同或相近的事物中，找出不同点，进行比较，找出有利于创造的最佳点，循此去进行创造。程颐是周敦颐的学生，后来成为理学的代表人物。宋哲宗继位后，司马光执政，任命程颐为崇政殿说书，给小皇帝讲课。做了帝师后，程颐更加一本正经。一日，十岁的宋哲宗在课间休息时，折了一根柳条，学着骑马的样子，自以为很是威风。这本是小孩子的天性，但程颐当着宫女和太监们的面，板着面孔将小皇帝责备了一番："现在正是春天，万物生长，皇上怎能无故地去摧残生命？草木和人一样，都是生命。皇上今日不爱惜草木，日后亲政，又怎能爱惜百姓呢？"这番话道理不错，加上是教育皇帝，后来为程颐的弟子广为传颂。但这番斥责对于小皇帝宋哲宗来说，却无法接受——他抛下柳条，转身便走了。司马光、苏轼听到这件事后，也很不高兴。他们对弟子们说："君主之所以不愿意接近儒士，就是因为程颐这样的腐儒造成的。"王阳明赞成司马光、苏轼的看法。如果程颐因势利导，与小皇帝一起做做游戏，再相机进行劝诫，效果不是更好吗？

或另辟蹊径，多视角、多侧面思维，产生新的思路，进入新的境界。有一次，周恩来应邀访问苏联，批评赫鲁晓夫全面推行修正主义政策。狡猾的赫鲁晓夫说："你批评得很好，但是你应该同意，出身于工人阶级的是我，而你却是出身于资产阶级。"言外之意是指周恩来站在资产阶级的立场上说话。周恩来平静地回答道："是的，赫鲁晓夫同志，但至少我们两个人有一个共同点，那就是我们都背叛了我们各自的阶级。"此言一出，立即在各共产党国家传为美谈。

辩证思维是指立足于客观事物的辩证性而展开的思维。恩格斯有句名言："蔑视辩证法是不能不受惩罚的。"辩证思维要求以普遍联系、变化发展和对立统一的视角观察问题、分析问题、解决问题。应摈弃因循守旧、一成不变的处事方法，因为事物的矛盾是在不断变化、不断发展的，要用发展的眼光看待问题。只有从整体的高度看待矛盾，才能分清"是"与"非"，分清"是"中各观点间的内在联系，从而找到化解矛盾的方式方法。如果我们习惯于追求"唯一正确"的答案，就很可能与创造性答案擦肩而过。有句话说得好："一个人的思维一旦进入死角，其智力就在常人之下。"

辩证思维是能使人们产生智慧、增长才干的思维方式，是衡量领导干部的总体能力和水平的根本标志。培养优秀思维品质是提升领导能力的前提和条件，是领导干部从事现代化建设和改革实践的迫切要求。成功的领导者不仅要靠手中权力，更要靠辩证思维、丰富经验和政治智慧。宋朝诗人戴复古说："意匠如神变化生，笔端有力任纵横。须教自我胸中出，切忌随人脚后行。"做领导工作不要光去做事情，要让出些时间多动脑筋去思考、去运筹帷幄，做到有思想、有思路、有创新，不能总是跟在别人后面亦步亦趋，不能总是习惯于用旧思想、老路子，去解释、处理新的情况、新的事物、新的课题，不要习惯于按过去狭窄的经验、按某种固定的思路去考虑问题，不要用旧的思维阉割新的思想，不宜削足适履。看问题、办事情，不能只在一个狭窄领域思考，不能囿于"非对即错""非白即黑"，不要把视线只盯在一点、一线、一面上，防止思维变得凝固、单一。

思维要灵活，是培养创造性思维的起点。在日内瓦会议期间，周恩来碰到了美国国务卿杜勒斯。当时，朝鲜战争刚刚结束不久。周恩来落落大方，不记前仇，伸出手去跟杜勒斯握手，不料杜勒斯心胸狭窄，把手缩了回去。谁料周恩来一点也不在乎，笑着说："在朝鲜，我们志愿军一伸手，你们美国兵就一个劲地往后退！这个毛病，今天怎么传染给国务卿先生啦！"经周恩来这么一说，杜勒斯难堪极了。

第二天，一个美国记者先是主动和周恩来握手，周恩来出于礼节没有拒绝。这个记者握完手后，忽然大声说："我怎么跟中国的好战者握手呢？真不该！"说罢，拿出手帕擦手。他一边擦，一边说："太脏、太脏！"然后把手帕塞进裤兜。周恩来皱了一下眉头，也拿出手帕，把自己的手擦了又擦，然后扔进痰盂，说："这个手帕再也洗不干净了！"

一个好的点子、好的谋划，常常会使人化险为夷，转败为胜，出奇制胜。法国作家雨果说："没有任何东西比得上一个适时的主意，有时一个小时的思考，胜过几年的蛮干。"西方财经学者薛佛说："真正的财富是一种思维方式。"对于思维灵活的人来说，有些时候需要逆向思维，从反方向寻找解决办法，改变思考对象的空间排列顺序，从而达到出其不意，跳出常规，获得成功的效果。1910年，伦敦举行了

"除尘器"表演，用风把灰尘吹走，观众被风吹得满身都是灰尘，败兴而去。有个叫布斯的人想，能不能把吹尘变成吸尘呢？后来的吸尘器就是根据布斯的设想制造出来的。

日本丰田汽车创始人丰田喜一郎说过："如果我取得了一点成功的话，那是因为我对什么问题都倒过来思考。"当顺向思维陷入困境的时候，把问题、观点、方式、角色颠倒过来，让思维重新选择一个出发点，重新确立一个方向，可能会从"山重水尽"走向"柳暗花明"。

思维要灵活，表现为及时进行思维"拐弯"，随机应变，进行新的构思。 这样思维能在事物发展中审时度势，根据变化了的情况对问题作出及时而恰当的处理，而不是把自己囚在困惑之中，不把别人的经验当成金科玉律。有一个国王在巡察中磕疼了脚，便下令在路面上铺设牛皮。大臣们十分为难。幸好一个聪明人献策：何不用两小片牛皮裹住脚呢？于是皮鞋诞生了。

思维不灵活，会导致"山重水复疑无路"；思维转转弯，会出现"柳暗花明又一村"。

知名作者张传禄认为，保持思维灵活性，一是围绕"反向"想问题。在思考问题时，跳出常规，改变思考对象的空间排列顺序，从反方向寻找解决办法。二是围绕"变通"想问题。变通体现了创新思维过程中的转换和灵活应变的特征。具体要求是，我们的思想和行为必须根据客观情况的变化而变化。三是围绕"荒唐"想问题。就是留心和思考他人的幽默滑稽、荒唐悖理的笑谈，从中寻觅具有创新价值和启发意义的因素，开启思路，萌生妙计。

思维要拓宽视野，表现在思路宽广，善于联想，能举一反三、触类旁通。 运用日常积累的知识、经验，通过推测、想象，沿着各种不同的方向，或从不同角度进行有效的思维，不限于"每个问题只有一个正确答案"。要跳出"只缘身在此山中"的封闭视野，扩展思维的空间范围，进行全方位的观察与思考，进行三百六十度的"扫描"，形成立体思维网络，识得"庐山真面目"。要随时从整体来考虑问题，又不忽略事实的重要细节。要考虑事物的发展趋势，重视多种渠道的信息与信息反馈，全面权衡各种利弊，排除成见和杂念，制定和实施最佳的战略和方案。

勇于突破一般思维常规，从新的角度思考别人认为完美无缺的结论，找出其缺点和不足，加以补充或扬弃。 法国笛卡尔有言："意志、悟性、想象力以及感觉上的一切作用，全由思维而来。"要勇于跳出旧俗，冲破束缚，另辟蹊径，去想别人所未想、求别人所未求、做别人所未做的事情。要学会"思维拐弯"，随机应变，进行新的构思。《青年思维趣谈》一书认为，思维的灵活性，就是指一个人在进行思维这种脑力工作的过程中，善于随机应变，不为成见所禁锢，善于迅速地从一个系统跳到另一个系统，不固定在一处去设想的能力。

苏联解体后，"明斯克号"核动力航空母舰失去了往日的风采，先是被俄国人拆去动力和机器，然后以废钢铁的价格卖给韩国的公司，准备割开回炉炼钢。中国某公司以540万美元的价格把"明斯克号"买回来，拖到深圳大鹏湾，开始筹建航母军事主题公园，以其独到的眼光开发了它的第二用途——旅游。到2001年10月，光是门票收入已突破2.5亿元。

要看到事物的正面、反面、侧面，看到它的现在、过去、将来。 就是说，对同一事物要从不同角度、不同方面去思考（冲破清规戒律，避免爬行主义），或从根源上思考，寻求解决问题的多种途径；对太熟悉的难题，需要用不熟悉的方式去解决。换位思考，多视角观察，与时俱进地采取应对之策。要克服僵化的思维定式，不刻舟求剑，能够对变化的情况作出敏捷的反应和抉择，能从细微的迹象看出形势的变化，由现象或部分推知本质或全体。如同"绿叶忽低知鸟立，青萍微动觉鱼行"。

毛泽东的一些关系党和国家的重大决策总让常人难以理解，但却被实践证明是英明正确的。王明搞的"御敌于国门之外"符合兵来将挡，水来土掩的军事常识，是大众思维，毛泽东却主张诱敌深入，放敌人进来打。历史证明，毛泽东的主张成功打破了国民党的四次"围剿"，"御敌于国门之外"却丢失了根据地。长征时，毛泽东选择走一条曲折迂回的路线，有人抱怨说，"走弓背不走弓弦"会拖垮部队。事实证明，走近路一出根据地就损失过半，而走弯路却把剩余的红军大部带到了新根据地。

开阔和敏锐的思维有利于我们从事物细微演变的迹象中，看出将要发生的重大变化。要建立这种多维多向的思维方式，使思维像舞台上旋转的球形彩灯般急骤发散。开阔认识视野，校正考虑问题角度，对思维灵感的出现能起到"催产"的作用。同一件事情，不同的思维方式，会有不同的结果；同一个岗位，不同的思维方式，会有不同的业绩。

卓越须有前瞻力

"滚滚长江东逝水，浪花淘尽英雄"，但大浪淘不尽的是金子般的智慧和谋略。卓越的领导者要有战略眼光、大局意识，站得高、看得远，深谋远虑，根据形势和任务要求全面掌握局势，探索事物发展的趋势和方向，站在未来的角度研究现在的发展，认清潮流的方向，预知环境的变化，并想好应采取的对策。一个人高瞻远瞩、韬略在胸，才能导演出许多有声有色的威武雄壮的活剧来。

　　人们常说细节决定成败，其实谋略也决定成败。"山僧不解数甲子，一叶落知天下秋。"具有这种眼光和洞察力，能迅速而准确地抓住问题的关键，取得成果。屈原流放时，他看到楚国先王庙宇以及公卿祠堂里的离奇古怪的壁画，便以独特的眼光提出各种问题，写成著名的《天问》，字句闪亮发光，受到毛泽东的点赞。苏秦在游说秦王失败后，苦读《太公阴符》一年，终于游说六国取得成功，进而改变自己的命运。刘邦之所以能打败强大的项羽，很大程度上借助的是张良的谋略，而张良的谋略主要源于《太公兵法》。

　　"用兵之要，先谋为本。"一方面，要考虑到矛盾的双方。吉凶、险易、利害都要考虑到。对自己不利的方面，用心防备，困难或灾难就可解除。对自己有利的方面，充分利用，敌人的困难或灾难就会增加。另一方面，要考虑到胜败可以转化："败势可以为胜，胜势可以为败。"由胜转败有五个条件，其中有泄密、不团结、狐疑不决、贻误时机等。还分析了由败转胜的四个条件，如激励官兵、身先士卒等。

　　应未雨绸缪，引领方向，在筹划未来时能越过眼前看得更远。卓越的领导者有极强的前瞻力。前瞻力与他的预见能力密切相关。毛泽东曾指出："没有预见，就没有领导，没有领导就没有胜利。因此，可以说没有预见就没有一切。""坐在指挥台上，如果什么也看不见，就不能叫领导。坐在指挥台上，只看见地平线上已经出现的大量的普遍的东西，那是平平常常的，也不能算领导。只有当着还没有出现大量的明显的东西的时候，当桅杆顶刚刚露出的时候，就能看出这是要发展成为大量的普遍的东西，并能掌握住它，这才叫领导。"一句话，领导干部必须有智慧，看问题高屋建瓴，直指核心，能见他人所不能见，想他人所不能想，行他人所未行。

　　不能只看当前，遇到什么才办什么，见到什么才解决什么。《卓越领导者的8项技能》①的作者拉姆·查兰认为，作为领导者，能否成功取决于你能否准确把握外界的变化。你要有宽广的视野，要有对外界事物的独立见解，要坚忍不拔，要有足够的想象力，才能逐渐填补现实和目标的差距，直到模糊的远景变为清晰的现实。尼克松在《领袖们》中写道："领袖人物一定能够看到凡人看不到的眼前利害以外的事情。他们需要有站在高山之巅极目远眺的眼力。"

　　首先要超前谋划，就是登高望远，具有远见卓识，从长计议。应站在全局的层次上思考和把握问题，着眼于长远利益，着眼于未来，不被眼前局部的东西束缚眼界，不搞短期行为。"不谋万世者，不足谋一时；不谋全局者，不足谋一域。"谋深计远，需要认识和掌握事物发展变化的可能和趋势，事先采取相应措施，遇到危险时能够"软着陆"。

　　战国时期最彻底的改革是秦国的商鞅变法。商鞅是一位很有前瞻力的人。他废除分封制，"依军功行田宅"；废除土地国有制，土地可以自由买卖；发展农业生产，以农养战；奖励农业生产突出和打仗有功的人。商鞅变法的成功，为秦始皇统一中国奠定了基础。

　　萧何的不同寻常之处在于，能知人所不知，见人所未见，看到事物存在状态和未来走势。"英风犹想入关初，相国功勋世莫如。"（高树程：《萧相》）公元前206年10月，刘邦率军攻占了秦城咸阳，宣告了秦王朝的灭亡。进城之后，刘邦的其他部属争先恐后地搜刮金帛财宝，只有萧何看到事物发展的趋势，面对金银财宝、宫室美女不动心，首

---

　　① 拉姆·查兰：《卓越领导者的8项技能》，中信出版社2007年版。

先入秦宫，把秦朝的律令、地图、书籍收藏。萧何得到了这些宝贵资料，对秦朝的法律制度、关河要塞、郡县人口、强弱之处、经济发展状况了如指掌，为刘邦得天下、治天下提供了非常有力的帮助。

项羽勇猛善战，叱咤风云，为推翻秦王朝建立了巨大功绩，但英雄不等于政治家。那么项羽失败的教训是什么呢？灭秦以后，短于战略运筹，没有建立稳固的根据地；战略决策连续失误，导致诸侯起兵；残暴凌虐，滥杀无辜，不得人心；夺下的城池、掠下的珍宝，不肯轻易赏人；一心想称王称侯，衣锦还乡，目光短浅，企图恢复春秋、战国时代的封建贵族政治，没有志在四方的深远谋略；在关键时刻，有勇无谋。

不超前谋划长远利益的，就不能够考虑好当前的问题。李自成与明朝斗争了17年，又同清朝斗争了14年，但他不具有政治家的深谋远虑和综合才智。刘宗敏、牛金星等文臣武将也只有"井窥之智"，远不如张良、刘基。李自成由大胜转为大败的一个重要原因，是缺乏战略眼光，驾驭全局的视野过于狭窄，没有得天下、治天下的文韬武略，在政权建设、军队建设等方面拿不出正确的方略。

李岩是李自成打天下的谋士，其作用就像朱元璋拥有刘基一样重要。他主张进京后整肃军纪、笼络旧官，稳定人心。后来，他又向李自成提出建议：大局未定，登基之事，享乐之事，应在清除外患后再议；追赃影响军纪，必须停止；乘胜追击，稳定阵脚；山海关城战略地位非常重要，应以招抚为主，防止明室反扑。可惜李自成没有采纳，丧失了良机。

大处谋，就是着眼全局，高瞻远瞩，善于从宏观上谋划。王安石诗云："飞来山上千寻塔，闻说鸡鸣见日升。不畏浮云遮望眼，自缘身在最高层。"站得高，才能看得远。因为身在最高层，所以不畏浮云遮目。一个人只有高瞻远瞩，韬略在胸，"不畏浮云遮望眼"，才能在复杂的局面中始终把握大局，把握关乎全局的战略性、政策性、倾向性问题，作出仰无愧于前辈、俯不负于后人的业绩。

要作出战略决策，谋全局重于谋局部，因而必须在把握全局中运筹局部。"不谋全局者，不足谋一域。"朱元璋是一位充满传奇色彩的人物。他接受了谋士朱升的建议："高筑墙，广积粮，缓称王。"意谓要想夺取天下，首先必须建立牢固的根据地，尽快壮大军队，使自己立于不易被击败之地，站稳脚跟，由点成面，不断扩张，步步为营地消灭敌人；其次要轻徭薄赋，爱护百姓，广积粮食作后盾，才能打胜仗；最后，在义军蜂起、群雄并立的形势下，不急于称王。最后一点非常关键。过早称王，会树大招风，为自己招致许多敌人，因此讳露锋芒，勿早树敌，避免成为众矢之的。同时，应逐步巩固和发展根据地，壮大实力，积蓄力量，在众人眼皮底下暗度陈仓。

"高筑墙，广积粮，缓称王"，成为朱元璋夺取政权的战略方针，一直被坚定不移地贯彻着，终于成就了一番伟业。对于朱元璋这一决策，毛泽东赞赏有加："朱洪武是个放牛娃出身，人倒也不蠢。他有个谋士叫朱升，很有见识。朱洪武听了朱升的话，'广积粮，高筑墙，缓称王'，最后取得民心，得了天下。"

在中国新民主主义革命的艰难历程中，毛泽东以他超乎常人的特有智慧和远见卓识，指出了中国革命发展的必由之路。毛泽东大半生在马背上度过，在几十年的征战生涯中，指挥的诸多战事，在新的思维制高点上吸纳并综合了李世民"以弱胜强"、朱元璋"次第经略"的思想，形成"集中优势兵力，各个歼灭敌人"的战略原则。人类的智慧和想象力是在继承中逐步提升的。朱元璋的成功经验，让毛泽东领略到不同战略阶段分清主次、逐步拓展的极端重要性，其"不要四面出击""不打无把握之仗"等思想均有深厚的民族历史渊源。毛泽东把奇谋妙计发挥到极致，总是能够创造以少胜多、以弱胜强的奇迹，最终领导中国革命取得了胜利。

当1927年蒋介石背叛革命，中国大地血雨腥风，共产党人几乎处于绝境的紧急关头，是毛泽东带领队伍走上井冈山，开辟革命根据地，高瞻远瞩地提出了"枪杆子里面出政权"的理论，创造性地提出"农村包围城市"的革命之路，临危制变，席卷千军。抗日战争全面爆发后，毛泽东在《论持久战》《论新阶段》《目前形势和党的任务》等著作中，统揽战争全局，研判战争进程，把握战争关节，以深远的战略眼光指引中国抗战赢得了最后胜利。

《关于建国以来党的若干历史问题的决议》中对此评价说："……如果没有毛泽东同志多次从危机中挽救中国革命，如果没有以他为首的党中央给全党、全国各族人民和人民军队指明坚定正确的政治方向，我们党和人民可能还要在黑暗中摸索更长时间。"电视纪录片《走近毛泽东》中有两句解说词让人震撼："他不会拿枪，他却是军事家；他不当元帅，他却缔造了共和国。"当谈到毛泽东时，中国人无不对他神奇的用兵谋略赞叹不已。

局部服从全局，以全局带动局部，才可能"在重重迷雾中认清方向，在众说纷纭中坚定立场，在大政方针中把握精髓，在领导工作中开拓创新"。为全局甚至不惜牺牲和舍弃局部。有时虽然局部蒙受了损失，但从全局着眼，正是局部的舍弃换来了全局的胜利。毛泽东曾深刻地阐述："没有好的全战役计划，绝不可能有真正好的第一仗，这就是说，即使初战打了一个胜仗，若这个仗不但不于全战役有利，反而有害时，则这个仗虽胜也只算败了。"必须在把握全局中运筹局部。作为领导干部，不能拘泥于局部，夸大局部，又不能为了全局的利益而忽视局部的积极性，而是应该统筹兼顾，着眼于全局。从眼前与长远看，则更应着眼于长远。

站在全局运筹局部

事物是普遍联系的，整体由部分构成，对部分起着统率、主导作用。这就要求决策者必须树立全局观念，立足整体，统筹全局。平时我们讲高瞻远瞩，就是站在全局的高度去观察和处理问题，立足现在又放眼未来。应当善于把局部问题放在整体中加以思考，不能只见树木不见森林；善于把当前问题放在过程中加以思考，不能急功近利、鼠目寸光。

"将相和"的故事，人们耳熟能详。强秦铁腕难夺璧，老将廉颇愧负荆。廉颇得知蔺相如之所以退让，是因为他以国家大局为重，怕双方发生矛盾对赵国的安全不利，觉得很惭愧，于是背着荆条，到蔺相如家去赔礼道歉："我是个粗鲁的人，见识少，气量窄，对您很不尊重，想不到相国竟如此宽容大度。您就用荆条打我吧！"

"桃李不言，下自成蹊"，是司马迁对李广将军的赞扬。"秦时明月汉时关，万里长征人未还。但使龙城飞将在，不教胡马度阴山。"诗中的"飞将"是指李广，意思是只要有李广在，匈奴人就过不了阴山。

李广一生跟匈奴打过七十多次仗，战功卓著，而且品德高尚。汉武帝派大将卫青北伐匈奴，李广已经年过六十，即使靠着老本也能够安享晚年，但是他仍然请缨出战，随卫青出征。在与匈奴作战时，李广不顾自己年老，把自己的生死置之度外，主动承担诱敌深入的重任。这种顾全大局的精神令人敬佩。

不谋全局者不足以谋一域，不谋长远者不足以谋一时。凡事要从大

局着眼，从整体角度考虑问题。战略思维是思维主体为了达到一定的战略目标，站在全局的最高层次上思考和把握问题。对于工作一定要重视规律性、系统性、前瞻性的思考，重视想大事、谋全局。从大看小就是要放眼全局，站在全局的高度去看待全局与局部、局部与局部的关系。

战略思维就是一种大时空、宽视野和根本性的思维。战略思维的切入点是从大看小，善于从大处着眼，小处着手，以远看近。大是全局、系统，小是局部、要素。毛泽东同志在《中国革命战争的战略问题》中指出："指挥全局的人，最要紧的，是把自己的注意力摆在照顾战争的全局上面。""任何一级的首长，应当把自己的注意重心，放在那些对于他所指挥的全局说来最重要最有决定意义的问题或动作上，而不应当放在其他的问题或动作上。"

红军时期，林彪的部下缴获了一把白银做的女式袖珍手枪，非常精致，不知是哪国造的。他们非常喜欢，但不敢私藏，层层上交给了林彪。林彪也非常喜欢，却没有留下，又层层上交，送给了毛泽东。毛泽东看也不看，把枪扔在地上说："到我用得着这把枪的时候，咱们红军就完蛋了！"毛泽东"扔枪"的故事说明他知道自己的主要职责是统筹全局进行战略指挥而不是持枪打仗。因此说，毛泽东的主要精力和时间都用在了统筹全局上。

战略思维要求领导干部在斗争实践中必须树立全局意识，科学准确地研判国内外形势的变化趋势，正确判断"危"与"机"之间的辩证关系，在形势的发展变化中明辨是非、谋篇布局。习近平总书记指出："战略上判断得准确，战略上谋划得科学，战略上赢得主动，党和人民的事业就大有希望。"

把握好全局，谋划好大事，站在全局处理问题，"功成不必在我"，是领导干部的政治品格，也是为人处世之要义。大局问题是关系事物生存和发展的带有根本性、总体性、关键性的重大问题。在事关大局和自身利益的问题上，能以宽广的眼界审时度势，以长远的眼光权衡利弊得失，自觉做到从大局出发，个人利益服从整体利益，局部利益服从全局利益，眼前利益服从长远利益。

罗荣桓是新中国的开国元勋、十大元帅之一，在我们党的历史上堪称顾全大局的典范，曾受到毛泽东主席的高度评价。他从党和人民立场出发，坚持把人民利益放在首位，对党忠贞不渝：以坚决维护党中央权威为顾全大局的核心，自觉在全党全国"一盘棋"中行动；以大是大非不含糊为顾全大局的底线；以统筹兼顾着眼长远为顾全大局的基本要求。

罗荣桓在武昌中山大学读书时加入中国共产党。大革命失败后的紧要关头，他在鄂南组织了农民自卫军，并担任党代表。在开辟井冈山根据地的斗争中，毛泽东同志发现了罗荣桓同志有许多可贵品质：凡是要求战士做到的，他自己首先做到；打仗时冲锋在前，撤退时掩护在后；行军时为病号扛枪，宿营时下班查铺，吃饭时替战士出去站岗放哨，让战士先吃。罗荣桓同志担任三十一团三营党代表后，三营成为一支拖不垮、打不烂的革命队伍。毛泽东发现罗荣桓是一位优秀的政工干部，介绍并提议他当选红四军前委委员。

罗荣桓走马上任，把思想政治工作搞得生动活泼、扎扎实实，使全军指战员始终保持了旺盛的斗志，同时把军事训练、后勤工作抓得井井有条，就连个性很强的林彪也无话可说。罗荣桓后来历任八路军一一五师政委、解放军第四野战军政委、中央军委总政治部主任，并且是军队政治干部中唯一获得元帅军衔的人。毛泽东曾感慨地说："荣桓是个老实人，有很强的原则性，能顾全大局，一向对己严，待人宽，做政治工作就需要这样的干部。"

无论做什么工作，都要着眼于全局与长远，站在全局的高度去观察和处理问题，这是战略思维的基本要求。 领导干部不论职位高低，服从大局、守护大局没有特殊、没有例外。

1947年8月，刘伯承、邓小平指挥晋冀鲁豫野战军刚刚取得鲁西南战役的胜利，未经休整，就立即投入了千里跃进大别山的战略行动。在敌强我弱的情况下，困难是可以想象的。但为了全局的利益，刘邓大军义无反顾地开始了千里跃进。邓小平曾在给二旅连以上干部讲话时指出："我们在大别山困难多，是在啃骨头。但在其他战场上，我们的兄弟部队开始'吃肉'了。我们背上的敌人越多。我们啃的'骨头'越硬，兄弟部队在各大战场上消灭的敌人就越多，胜利就越大。"刘邓大军顾全大局的另一个表现，就是时刻心系党中央的安危，即使在艰难危险时刻也是这样。有一次，邓小平破例和部下喝酒，高兴地说，今天收到了党中央发来的电报，"毛主席和中央机关安然无恙，我们喝一杯庆祝酒"。刘邓大军这种顾全大局、勇挑重担的伟大精神，受到了党中央的表扬，也得到了兄弟部队的一致好评。

由此观之，领导干部只有胸中有全局，着眼于全局，善于站在全局的高度观察局部、分析问题，才能在千头万绪的工作和错综复杂的矛盾中有效推动工作。习近平总书记指出："善于观大势、谋大事，站在国内国际两个大局、党和国家工作大局、全面深化改革全局来思考和研究问题。"首先要把全局作为考虑问题、研究问题、解决问题的出发点和落脚点，不可囿于局部和一时，不可只见树木，不见森林。

每一个母系统都是由若干个子系统组成的。一方面，没有子系统的优化，母系统就不会优化，就是空洞的；另一方面，离开母系统，子系统就失去了持续发展的保障。要学会运用辩证法，处理好局部和全局、当前和长远、重点和非重点的关系，凡是利于全局的事情就一定要千方百计办好，凡是损害大局的事情就坚决不办。坚决摒弃那些单纯追求个人政绩，而放弃原则，不听招呼，不顾全局，作出损害集体利益的行为。全局利益是最高利益。当全局利益与局部利益不可兼得时，要以局部服从全局，而不计局部一时一地之得失。

在邓小平同志的战略擘画中，"三步走"战略是最为系统科学的中长期发展战略，他先后提出过10年、20年乃至100年等不同时间段的战略构想，这是一个事关中华民族伟大复兴全局的宏伟战略。1987年4月，邓小平同志在会见外宾时对"三步走"战略进行了系统阐述，概括起来说就是：20世纪走两步，实现温饱和小康，21世纪用30年到50年时间再走一步，达到中等发达国家的水平。随后，"三步走"战略被写入党的十三大报告，成为具有长远指导意义的中长期发展战略。

全局利益是最高利益，全局搞好了，从根本上和长远上说有利于局部。有些事情，今天看来是可以做的，但从长远来看是不行的，这样的事不能做；有些事情，今天看来是可做可不做的，但从长远来看是有益的，这样的事情要坚决做好。必须在把握全局中运筹局部。从一定意义上来说，把握了重点就把握了全局，丢掉了重点就丢掉了全局。荀子有言："主好要则百事详，主好详则百事荒。"所谓重点，就是有决定意义的问题。一般来说，重点有三类。一是主要矛盾和中心任务，它决定战略主攻方向，对全局的发展起主要的决定作用。二是重大矛盾和战略布局。三是关键环节和工作的着力点。

大局观不仅是一种思维、一种战略观，还是一个人修养的体现。在实际工作中，有的领导干部并不缺乏大局观，懂得不谋全局者，不能谋一域，却会作出不顾大局的事情。为什么会这样呢？是因为他们的修养、品格不足：有的过于追逐名利，明知一些事情不可为，但为了个人私利还是不顾大局，作出急功近利之举。有的心胸狭窄，处理人际矛盾时不能自我克制，而是斤斤计较，容易冲动作出不理智的事情。由此观之，若缺乏合格的政治素养，就容易各自为政，不顾大局。

应用大局来统一思想、协调行动、处理矛盾。做领导工作光有认真、务实的品格是不够的，还必须增强大局意识，做到着眼大局，首先必须胸怀广阔。从大局看问题，放眼世界，放眼未来，放眼一切方面，也放眼当前，处理好全局与局部的关系。须以党和国家的工作全局为重，从党和国家根本利益的大局出发，从改革和发展的大局出发，处理好局部与全局、眼前与长远的关系，自觉地在顾全大局的前提下做好本职工作，局部利益服从全局利益。当局部利益与全局利益发生矛盾时，要坚决服从全局利益，必要时还要暂时牺牲局部利益，以保证全局利益的实现。

习近平总书记强调："必须牢固树立高度自觉的大局意识，自觉从大局看问题，把工作放到大局中去思考、定位、摆布，做到正确认识大局、自觉服从大局、坚决维护大局。"要有全局意识，关心全局，顾全大局，善于把本地区、本单位、本部门的工作放在大局中去思考、去谋划、去落实，有时为了大局还要甘愿作出必要的牺牲。如果只管解决眼前的、局部的次要问题，而根本不管是否会妨害长远的、全局的主要方面，这种就事论事、简单粗暴的工作方法，就会给领导工作带来重大损失。

以全局的意识带动班子，对班子成员之间存在的不利于团结的苗头尽快消除。以民主的作风团结班子，以人格的力量影响班子，大事讲原则，小事讲风格，公道正派，淡泊名利，宽以待人，推功揽过。为了顾全大局，有时还要委曲求全。从为实现"中国梦"的努力奋斗、不懈奋斗中，使整体的利益最大化。

为政之要，惟在得人

公元前311年，燕昭王即位后，面对国家发展之困，求教于贤者郭隗。面对燕昭王的疑问，郭隗并未直接回答，而是给他讲了一个千金买马骨的故事。

故事大意是古时候有个国君爱千里马，派人找了3年都没有结果。有个侍臣跟国君说，只要给他千两黄金，他一定能把那匹名贵的千里马买回来。谁知侍臣赶到时，千里马已经死于疾病。侍臣就拿出五百两金子，把千里马的骨头买了回来。国君大发雷霆，侍臣却不慌不忙地说："人家听说您连死千里马都肯花钱买，还怕没人把活千里马送来？"消息传开，人们果然从四面八方送来了好几匹千里马。

郭隗讲完故事后说："大王一定要招纳贤才，那就把我当马骨来试一试吧！"燕昭王采纳了郭隗的建议，给郭隗建造了豪华房子，并拜他为师。消息传开后，乐毅从魏国赶来，邹衍从齐国前往，剧辛也从齐国而来，人才争先恐后集聚燕国。从此以后，一个内乱外祸的弱国，逐渐成为一个富裕的强国。

培养、选拔领导干部时，要把德放在首位，这是我们提高执政能力、夙夜在公、为民谋福的基础。唐太宗作为中国历史上的一代明君，非常重视官吏选任与国家治理的关系，他经常强调，"为政之要，惟在得人，用非其才，必难致治"，"致安之本，惟在得人"。许多为政者为了招揽人才、用好人才，倾注了不少心血。韩非子认为，只能发挥个人能力的，是最差的领导者；会利用他人的力量的，为中等水平的领导者；能使部下的才干完全发挥出来的，是最好的领导者。

韩非子主张，国之明主必须"进贤才劝有功"。韩非子在《说疑》

中指出，英明的君主选用贤良优秀人才，斥退奸邪之人，因此使诸侯顺服。这些帝王提拔的人，有的在山林湖泊洞穴之间，有的是牢狱里捆绑的人，有的是干屠宰烹调、养牛放马的人，他们的能力可以使法令清明、利国利民。而尧的儿子丹朱，舜的儿子商均，启的儿子五观，商汤的孙子太甲，武王的弟弟管叔、蔡叔之所以受到惩罚，是因为他们危害国家。

人才是多种多样、各有优长的，分布在各类组织、各个岗位，应有惜才之心，识才之眼。"不实在于轻发，固陋在于离贤。"得不到实效是由于轻举妄动，孤陋寡闻是由于疏远有才德的人。齐桓公晚年培养了自己的掘墓人。袁绍刚愎自用，以自己的好恶用人，败得太惨。秦桧提拔唯命是从之人。宋代欧阳修曾说："治天下者，用人非止一端，故取士不以一路。"用现在的话说，就是领导干部要坚持五湖四海，广开进贤之路，不拘一格，用人所长，大胆使用。领导干部用人时，要有识人的慧眼，有容人的胸怀，具备宽容之德、兼容之量、包容之心，才能摒弃私心，任人唯贤。

毛泽东同志不止一次引用龚自珍的"我劝天公重抖擞，不拘一格降人才"来表达自己求贤若渴的心情，坚持"放手地吸收、放手地任用和放手地提拔"的方针，崇尚真才实学，不以文凭和学历取人，不搞论资排辈，主张要不拘一格地大胆起用优秀青年干部。

1952年7月，48岁的邓小平被任命为政务院常务副总理。毛泽东在八大召开之前的最后一次中央全会上，推举邓小平担任新设立的中央总书记。邓小平说："对总书记这一职务，我有六个字，一不行，二不顺。当然，革命工作决定了也没有办法，我自己是诚惶诚恐的。我还是比较安于担任秘书长这个职务。"毛泽东说："他愿意当中国的秘书长，不愿意当外国的总书记，实际上外国的总书记就是中国的秘书长。

他说不顺，我今天给他宣传几句。"接着，毛泽东评价他"比较公道，比较有才干""会办事，比较周到""比较顾全大局，比较厚道"①。

1956年9月召开的八届一中全会上，邓小平当选为中共中央政治局常委、总书记。1957年访苏时，毛泽东曾对赫鲁晓夫说："看见那个小个子了吗？他才智过人，前途远大。"邓小平担任总书记的十年间，提出了许多正确主张，进行了卓有成效的工作。

1953年在讨论团中央领导班子时，毛泽东赞同三国时孙权重用周瑜的气魄，说："现在要周瑜当团中央委员，大家就不赞成！……要充分相信青年人，绝大多数是会胜任的。……青年人不比我们弱。"实际上他重用过许多"青年团员"，比周瑜当都督时还要年轻：萧楚女跑堂出身，田家英没有文凭和学历，以及年纪轻轻的吴亮平、艾思奇，他们都靠自学和毛泽东的用心培养而成为党的事业英才。1955年授衔时，中国人民解放军55位上将的平均年龄为45.6岁，年龄最小的上将萧华只有39岁。②

有言道："小智者论事，大智者论人。""为政以人才为先。"东汉末期政论家、史学家荀悦认为，能否选贤任能是治理好国家的关键，"贤臣不用，用臣不贤，则国非其国也"。执政者择人用人时，往往遇到十种障碍：一是不知任用；二是无人荐进；三是虽有荐进但不能任用；四是能够任用而不能始终一贯；五是因小的怨恨而抛弃有大德的人；六是因小的过错而贬退有大功的人；七是以小的失误来掩盖贤人大的美德；八是奸诈害人之人伤害忠诚正直之士；九是以邪僻的说教来扰乱正确的择人制度；十是听信心怀嫉妒之人的谗言而废弃贤能之

---

① 周溯源：《毛泽东评点古今人物》（下），红旗出版社2012年版，第905页。
② 周国剑：《毛泽东的智慧与当代领导艺术》，时事出版社2016年版，第159—160页。

人。这10种障碍，若不克服，犯其中任何一种错误，都将贻误、伤害人才，使真正的人才得不到任用。

人才是开创事业的台柱子，是"第一资源"。习近平总书记从党和国家事业发展全局的战略高度，明确提出信念坚定、为民服务、勤政务实、敢于担当、清正廉洁的新时代好干部标准，高度重视对年轻干部的培养选拔，系统阐明了领导干部尤其是年轻干部成长成才的正确路径，为加强新时代干部队伍建设提供了根本遵循。

习近平总书记在中央党校2011年秋季学期开学典礼上的讲话中指出："中国历史上凡是有作为的政治家都非常重视人才问题。他们深深懂得'为政之道，任人为先'的道理，在选人用人方面留下了很多可取的思想和经验，诸如知人善任、选贤任能，才兼文武、德才兼备，敬贤敬能、礼贤下士，访求俊彦、唯贤是举，人尽其才、才尽其用，避其所短、用其所长，勤于教养、百年树人，等等。还有孟子说的'故天将降大任于斯人也，必先苦其心志，劳其筋骨，饿其体肤，空乏其身，行拂乱其所为，所以动心忍性，增益其所不能'；韩非子说的'宰相必起于州部，猛将必发于卒伍'，其意是说优秀的治国理政人才，必须经过艰苦条件的磨炼，必须具有起于社会基层的实际经验，这些认识都说明了人才成长的一般规律。"

习近平总书记引用清人彭玉麟奏折中的"为政之要，莫先于用人"，意指治国理政关键在于用人，没有比用人更重要的了。习近平总书记从"进行具有许多新的历史特点的伟大斗争"的战略高度对人才工作进行论述，以古喻今，内涵丰富，于简洁隽永中给人以启迪和教诲。

德才兼备、以德为先的用人标准，是吸纳英才、担当使命、成就伟业的保障。 德与才，德是基础，才是条件；德是核心，才是关键；德靠才来彰显，才靠德来统率。德是才的灵魂，决定着一个人的发展方向和成败得失。人品远远比能力更重要。有了好的人品，突出的能力如同锦上添花，但如果人品出现了问题，无论能力如何出众都难以补救。为了成就事业，切莫以对待自己的亲热程度，凭自己的好恶和"私交"如何来识人用人，不要因为"偏爱"或唯命是从、揽权而重用庸人，不可因为"不喜欢"而疏远"耿介之士"。习近平总书记强调："用一贤人则群贤毕至，见贤思齐就蔚然成风。选什么人就是风向标，就有什么样的干部作风，乃至就有什么样的党风。"①党的二十大报告指出："人才是第一资源。"这是继科技是第一生产力、创新是第一动力后，我党又提出的一个"第一"。

"成由吏治，败由吏治。"坚持实事求是地用准一个干部，就会对干部队伍起到积极的引导、示范和激励作用；用错一个干部，就会挫伤干部群众的积极性，甚至败坏党的风气。如果坚持实事求是的干部能得到信任、提拔和重用，拉关系、找路子、跑官、要官、吹牛拍马的干部不吃香、不得逞，就能促进干部队伍形成实事求是之风。

在干部选任上，决不让品德低劣、业绩平庸、惯于钻营取巧、不干实事、作风漂浮、视个人利益高于一切的人混进干部队伍甚至领导岗位。有尊重人才、重视人才的意识，才能够耐心听取他人的意见，为他人提供好的发展空间。要公平即平等地看待每一位下属，给他们各自均等的发展机会，营造平等的工作氛围。一般用人，无论怎么说，品德总是用人的第一标准，要以德为先。但是，第一并不是一切，以德为先不是唯品德论。如果看不到人的长处，选拔了有德而无才的人，对事业是有害无益的。

人才脱颖而出和充分发挥作用，离不开必要的条件和环境。西方

---

① 《习近平谈治国理政》，外文出版社2014年版，第418页。

有句格言："人生最奢侈的事，就是做你想做的事。"比尔·盖茨说："对我来说，大部分快乐一直来自我能聘请到有才华的人，与之一道工作。"清朝诗人魏源说："龙和虎逞威之时，能教天昏地暗；若没有云和风的资助，也是一筹莫展。"

人才不是孤立的，只能在群体中发挥作用。用人不仅表现在人才的数量上，还表现在人才的合理搭配上。为政者要将不同类型的人才进行合理的搭配，使他们优势互补，形成一个有机的整体，以达到人才群体的最佳效能。

用人要公道正派，容得下比自己才能高的人，才有成功的希望。用人要看业绩，不看背景，不嫉贤妒能；看公论，不看关系，不搞亲疏远近。武大郎开店那样的做法，不允许部下才能比自己高，是浅薄和虚荣心理的反映，是缺少大局意识的表现，其结果必然使本单位人员的素质越来越低，贻误事业的发展。

洪秀全大胆起用了李秀成、陈玉成等一批年轻有为的将领，很快，太平天国出现了转机。但就在这个时候，洪秀全用人出现偏差，派他的两个无能的哥哥去"协助"李秀成和陈玉成管理事务。结果把刚有起色的局面又搞得一团糟。

品德高尚的人，会用自己的才干为人民做更多的事；品德低下的人，会用自己的才能谋取私利，损害他人。司马光有句名言："才者，德之资也；德者，才之帅也。""挟才以为善者，善无不至矣；挟才以为恶者，恶亦无不至矣。"有的人胸无点墨，不学无术，德能平庸，甚至劣迹斑斑，但照提不误。有的人升迁之快，堪称"坐直升机"。其中的一个重要原因是，和领导关系"走得近"，能够走进领导的"私生活"，投领导之所好（甚至是特殊嗜好），讨领导欢心，鞍前马后效劳；有的人舍得用"糖衣炮弹"——送金钱、送美色，"俘虏"领导，达到个人目的。

要重视关心老实人、正派人、不巴结领导的人，防止任人唯亲。要力避有恩必报、有仇必报或者恩仇都报的江湖义气，这是党性原则所不允许的。要选择那些品德好、有能力的聪明人，而不是八面玲珑、狡猾的人，不是只与领导靠得近、缺少真才实学的人，才能够推动事业的发展。换言之，坚持德才兼备、以德为先的干部标准，把政治上靠得住、工作上有本事、作风上过得硬、人民群众信得过的干部选拔上来。不要怕下级比自己强，这说明你很有度量，是一个自信的成功的领导，只会提高你的政绩和威信，何乐而不为？

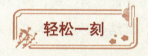

如何将废物变成宝

东晋名将陶侃任荆州刺史期间，因战备需要，准备造一批战船。一天，陶侃在现场视察督导时，发现大量的剩竹头和木屑，扔得到处都是，觉得很可惜，便叫人全部收集起来。旁人见他这样做，都暗自发笑，觉得他小气。后来，一次新春集会，恰逢雪后初晴，厅前的道路泥泞难走，陶侃便叫人把木屑拿出来铺在地上踩着走。这样一来，微不足道的木屑发挥了作用，人人赞不绝口。

选自《百家讲坛·传奇故事》2022 年第 6 期

第六章

例说

清正廉洁

人间有味是清欢

"人间有味是清欢"，是当年苏东坡在经历人生几度起伏后的体悟。清白、简朴、朴素的生活，是人生真正的清欢。苏轼是北宋中叶以后的文坛领袖，也是中国历史上一位罕见的通才。他的诗作忧国忧民如屈原，枯淡简朴如陶渊明，任情挥洒如李白，寓意深厚如杜甫，充满了对人生的深刻感悟。

自古以来，中国老百姓一直盼望有清官，这是民心所向。春秋时期，齐国政治家、外交家晏婴，以有政治远见、外交才能、作风朴素闻名诸侯。他凭着超常的政治智慧，辅政灵公、庄公、景公三朝，长达50余年。晏婴的住房低矮简陋，齐景公要为他盖新房，被他婉言谢绝了。齐景公看劝不动他，就趁他出使鲁国期间，为他建造了一座堂皇华丽的新居。晏子回来后，就将车停在郊外，不肯回家。齐景公无奈，只得修复住房原貌，晏婴才肯回家。

廉洁是社会文明的一个标志。廉是天，廉是地，廉是道德的底线，是官员的本分。 领导干部要赢得他人的尊重，就必须廉洁从政、正派做人、公道办事。

武则天在政训中强调："理官莫如平，临财莫如廉。廉平之德，吏之宝也。"（《臣轨》）宋代张之才离任阳城知县，在汤庙作诗一首："一官来此四经春，不愧苍天不愧民。神道有灵应信我，去时犹似到时贫。"国画大师齐白石曾画过一幅画——《盗瓮图》，旁边写了16个字："宰相归田，囊底无钱。宁肯为盗，不肯伤廉。"

人活在世上，有些东西应该得到，也能够得到；有些东西不该享有，也不能攫取。生活其实很简单，不像想象中那么庞杂和奢华。人只有做欲望的主宰，才能神清气爽。有时候欲望多多，再有攀比心理，就忘记了初衷，甚至会丢掉本色。老子说："见素抱朴，少私寡欲。"老子认为，克服无止境的贪欲，就会避免羞辱。要走好每一步，贵在把握自己。

诸葛亮在五丈原，书写遗表，上达后主刘禅："臣死之日，不使内有余帛，外有赢财，以负陛下也。"诸葛亮作为一国之丞相，家里居然没有积蓄，没有绸缎，只有800棵桑树，可谓廉洁之楷模。

为政者廉洁能赢得他人尊重，赢得他人尊重是一种价值追求，也是一种幸福体验，因而廉洁是为官之宝。"廉者，政之本也。"廉洁历来被视为从政基石，是对官声之最高褒奖。一个"廉"字开太平、兴世风、励后人。清廉而不贪、崇廉而拒腐，清白做人、干净做事，是为政者及家人的福分，是人们的期盼，是高尚事业的需求。

庄子是个有大学问、大智慧的人。他曾说："其嗜欲深者，其天机浅。"（《庄子·大宗师》）沉湎于酒色财气，就是"嗜欲"。一个人如果欲望太多，就会缺少智慧与灵性，以致蒙受损失。因此，应努力做到去嗜欲以养心，寡酒色以清心，诵古训以警心，悟至理以明心。

做人和为官，只有清心寡欲，胸襟开阔，才会不惑、不扰、不惧。从这个角度而言，老庄宣扬的清心寡欲，不无道理，令人深思。人间有味是清欢。"清欢"是人生的减法，使我们挣脱了欲望的捆绑和名利的束缚后，回到单纯的欢喜，静下心来品味生活的美好，感受那份来自内心深处的宁静与恬淡。

1958年7月1日至7日，周恩来轻车简从，前往广东省新会县（今江门市新会区）进行了7天的工作视察和调查研究。新会县委原计划安排他住在新建的招待所内，但被周恩来婉言谢绝。他坚持住在新会县委会办公楼，说："我是共产党员，县委会有地方，还是住在县委会吧，这里很好嘛。"当时正值盛夏，天气酷热，室内没有空调，就连电风扇都没有。细心的新会机关干部，悄悄地抱了一些葵树叶铺在房顶上，用砖头压着，为总理的卧室隔除一分酷热。

周恩来在新会视察期间，每顿饭都是普通的饭菜，省里接待部门安排的厨师和海鲜，都被周恩来退了回去。大部分时间，周恩来都在县委机关食堂和普通干部一起用餐。周恩来对县委负责同志说："我们吃得已经比群众好多了，不要搞什么特殊照顾啊！"

新会县委第一书记党向民看到总理实在辛苦，就在总理离开新会的前夕，提出请周恩来和随行人员吃顿便饭，周恩来不同意。后来，党向民与周恩来的秘书罗青长商量，经罗青长出面协调，周恩来同意了。由于党向民家住房面积小，党向民只好借用县委的会议室作餐厅。这一餐吃的有油炸花生米、粉丝、白馒头、绿豆稀饭，还有北方的饺子。

三年困难时期，周恩来不吃鱼、肉、蛋，连花生米也舍不得吃。他主动把自己和邓大姐的每月定粮分别降到15斤和13斤，甚至还吃小球藻、树叶等难以下咽的代食品。他说："毛主席在党中央带头，我在国务院带头。群众有困难，做领导工作的更不能特殊。"与周恩来共同奋斗半个多世纪的邓小平曾说："周恩来同志以身作则，严于律己，艰苦奋斗几十年如一日，成为我党我军优良传统和作风的化身。"

周恩来在外面饭店请客，从来都是自费，不是象征性地付点钱，而是按标准交。1973年9月，他陪同法国总统蓬皮杜访问杭州。蓬皮杜走后，周恩来特地请随行人员到楼外楼饭店吃便饭。饭后，省里的同志要付钱报销，他坚决不同意，饭店只得收了10元钱。在他的一再要求下，饭店只好又增加了两次，共收了20元钱。到机场后，他还担心付的钱不够，又留下 10 元钱请机场转交饭店。这种公私分明、一丝不苟的精神，使饭店的同志们十分感动。他们核算这顿饭菜钱，共计 19 元多，于是就把饭菜清单、核算报告连同多余的钱，一起寄给了总理办公室。①

周恩来清贫了一生，为人民鞠躬尽瘁。他去世后，根据遗言不准换新衣。整容师为他穿着打补丁的内衣而哭诉不止，火化工为他穿着磨出毛边的中山装而长跪不起，他们不忍心就这样送走自己的好总理。他逝世之日，联合国秘书长立即倡议破例给他按国家元首礼仪降半旗志哀，他说："哪一国的总理能够一生担任重职而不置一份财产？"

陈云的一生，真正做到了严格自律、清正廉洁。延安时期，陈云任中共中央政治局委员、中央组织部部长。1938 年 3 月，陈云和于若木举行了十分简朴的婚礼。当晚，陈云只花了一元钱，买了些糖果、花生，请中央组织部的同志来热闹了一下，就算是举办婚礼了。事后，消息传开，同志们纷纷要陈云请客。他不愿摆排场，最终也没有请客。

陈云从不收礼。他常说："很多人送礼是为了有求于我，我若收下，以后决定事情必有偏差。"一年秋天，各大军区来京汇报军事演习工作。有两位军区领导到陈云的住所汇报工作，顺便带了两盒葡萄。当他们起身告辞时，陈云让他们把葡萄带走。两位领导一再解释，这不是送礼，只是让首长"尝尝鲜"。在他们一再劝说下，陈云摘下 10 个葡萄，微笑着说，这叫"十全十美"，剩下的你们还得带回去。两位军区领导感佩不已。陈云曾幽默地说："如果主席、总理给我送礼，我就

---

① 《周总理的小节与大义》，2018-03-01，https://www.ccdi.gov.cn/yaowen/201803/t20180301_165015.html。

收，因为他俩没有求我的事儿。"①

良田万顷，只不过一日三餐；广厦千间，也不过夜眠七尺。"热闹荣华之境，一过辄生凄凉。清真冷淡之为，历久愈有意味。"（《格言联璧·持躬类》）清正廉洁的领导干部没有非分之想，不贪飞来横财，在自我约束中"收住不轨的心"，在建章立制中"锁住滋生腐败的门"，在严格管理中"盯住花钱的手"，在强化监督中"封住违法违纪的路"，自然也就不会担惊受怕，不必担心被人举报，不必担心被纪委留置和查处，自然不会招致心理和生理上的种种疾病，因而能够享受清廉带来的坦然、愉悦和幸福。让我们学会以清净之心看世界，以欢愉之心过生活，从而能够淡定从容地过好这一生。

"一钱亦分明，谁能肆谗毁。"（陆游：《送子龙赴吉州掾》）用一文钱都记录得清清楚楚，谁还能随意说你的坏话，攻击诽谤你呢？人生最好的心态就是求缺不求满，福不享尽让三分给他人，功利不占尽拿三分给需要的人。领导干部清廉如水，保持高风亮节，就敢于正视执法执纪人员；没有内疚和畏惧，就可以闲庭信步，坦荡无忧，谈笑风生，就可以在别人违纪时，敢于说"不"。清廉，是古往今来人心向背的晴雨表，是为政者官德优劣的分水岭。

共产党员除了工人阶级和最广大人民的利益，没有自己的特殊利益和要求。"居高声自远，非是藉秋风。"领导干部除了用权力为党和人民办事、正当享有自己的一份利益外，决不能用自己手中的权力谋取不正当的利益。我们要视人格、党性、廉洁纪律如生命，加强党性修养，经常思虑自己的责任，靠党性来节制自己的欲望，保持清廉本色，清清白白做人，干干净净做事，保持"竹影扫阶尘不动，月穿潭

---

① 吴志菲：《红墙外的布衣陈云》，《新华月报》2015年第13期，第82—87页。

底水无痕"的定力，廉洁用权，依法办事，公正办事，自觉做到廉以修身、廉以持家，不为金钱所诱惑，不给"围猎"者以可乘之机，让家庭成为人生幸福的港湾、廉洁从政的屏障，不辱党和人民赋予的神圣使命，续写不负于前辈、无愧于时代的人生华章。

切莫在"围猎"中迷失

《醒世恒言》记载，唐朝时，进士出身的薛录事因高烧难耐，于是跃入湖中，化为一条鲤鱼。恰遇渔夫垂钓，明知饵在钩上，吞之必惹祸上身，但耐不住鱼饵诱人，张口咬之，终被钓去。对此，冯梦龙点评："眼里识得破，肚里忍不过。"这个故事值得品味和深思。

古典名著《镜花缘》中描写过一个"自诛阵"，阵中没有一兵一卒，而是布满了酒色财气之类的东西。凡入此阵的人，能把握住自己嗜好、习惯的，都能顺利走出阵来；把握不住自己，见酒就醉、见色就淫、见财就贪、见气就怒的，无不自取灭亡。

围猎，又称狩猎，本来是指在打猎时提前布好诱饵、陷阱，伺机合围而猎。古人狩猎，首先掌握动物的活动规律，然后提前布好诱饵、陷阱，伺机从四面包围堵截猎物。人们常说"狐狸再狡猾，也斗不过好猎手"，足见围猎之厉害。围猎从动物引申到人，是指不法人员采取情感影响、物质诱惑等伎俩，对领导干部进行拉拢和腐蚀，以使其掌握的权力和资源为己所用，从而长期稳定获取不当和非法利益的过程。"围猎"被借用来比喻不法分子为达到目的而对领导干部展开的种种攻势，成为反腐领域既形象又具动感的词汇，可谓准确形象，发人深省。习近平总书记告诫领导干部，要注意防范被利益集团"围猎"。

落马官员在忏悔之时常常声泪俱下，但却为时已晚。广西壮族自治区林业厅原厅长陈秋华在忏悔书中写道："如果自始至终都能严守党纪国法，我不会成为一些不法商人'围猎'的对象，更不至于'主动'奔着'被围'而去。他们想拉我下水，而我自己也主动配合，最终被金钱所俘虏，被'糖衣炮弹'所击倒。"

对诱惑产生一时的好感，是人的天性的一种表现，关键在于自己能否按捺、控制、挡住、战胜诱惑。西晋文学家陆机《猛虎行》有言："渴不饮盗泉水，热不息恶木阴。"讲的就是在诱惑面前要有一种清醒的理念，坚决放弃。

"围猎"的最终目的，就是将党员干部"猎而食之"。在现实社会环境下，诱惑领导干部的东西很多。一些领导干部浸淫于被"围猎"之中而难以自拔，自以为法不责众，通过搞团团伙伙，与利益集团结成腐败的"利益共同体"，由此导致"窝案""串案""塌方式腐败案"的发生。曾发生在中石油系统和山西的"塌方式腐败案"，以及湖南衡阳的"贿选案"，等等，都是领导干部被利益集团"围猎"的典型。

一些因被"围猎"而落马的领导干部原本优秀、奉献较多，但他们却在种种貌似温馨的"友情"中彻底沦陷了。2015年，在同中央党校第一期县委书记研修班学员座谈时，习近平总书记提醒手中掌握着权力的县委书记："各种诱惑、算计都冲着你来，各种讨好、捧杀都对着你去，往往会成为'围猎'的对象。"

由中央纪委国家监委宣传部与中央广播电视总台联合摄制的4集电视专题片《反腐为了人民》，于2025年初在中央广播电视总台央视综合频道晚8点档播出。专题片选取了12个案例，共4集，分别为《惩治蝇贪蚁腐》《风腐同查同治》《揭开腐败隐身衣》《以案促改促治》。

在这个专题片中，其中一集深入剖析了中央统战部原副部长、国家宗教事务局原局长崔茂虎的案例。对他的审查调查，始于收到了关于他接受老板吃请和安排旅游问题的举报。不法商人先是通过陪吃陪喝陪玩，来和崔茂虎拉扯关系建立感情，最后发展为权钱交易乃至形成利益共同体。崔茂虎牌瘾相当大，经常找人打牌且并不避讳，他总用"不赌博"来自我开脱。丽江有家客栈，一度成了他打牌的固定据点。一些想接近他的商人老板听到风声后，特意跑去制造"偶遇"，进而在牌桌上增进感情。表面是牌友，背后则是各揣心思。崔茂虎从收受烟酒茶到红包礼金，从10万元到百万元，从半推半就到坦然受之，沉湎于和商人老板勾肩搭背、推杯换盏的生活之中。2024年7月，崔茂虎案一审公开宣判。经查，崔茂虎为他人在工程承揽、款项拨付、干部任用等方面谋取利益，非法收受财物折合人民币1043万元，以受贿罪被判处有期徒刑11年。

河南某拖拉机制造公司董事长倪某，在宴请一拖集团时，听一拖集团时任董事长说，下一届可能提拔副总经理董某，并力赞他"最年轻、最有潜力"，当即记在了心里。后来董某去香港时，倪某一掷10万元港币，让董某"随便买点东西"，董某欣然接受。此后，倪某经常邀请董某吃喝玩乐，想"提前把路铺好，以便将来用得上"。董某自此迈开了走向腐败深渊的步伐。

云南省委财经委员会办公室原副主任王俊强用"拍马""骑马""打马""落马"，来概括"围猎"者与被"围猎"者之间关系地位的转变，以及双方角力的过程："我跟一个商人认识后，他对我无微不至，表现得像个忠实的家奴，这是'拍马'；博得我的信任后，他开始在外面'骑马'，以我的名义招摇撞骗，甚至说想要当官找他；到了后期，他知道我和李某某的情人关系，就要挟我们跟我们要钱，这是'打马'；最终正是他致使我'落马'。"

　　"围猎"有不同的方式，温水煮青蛙式"围猎"的隐蔽性更强，更不易防范。从小的作风问题开始，由风及腐，风腐交织，是温水煮青蛙式"围猎"的鲜明特点。"围猎"者，大多是以亲友、老乡、同学等名义出现，从所谓"帮忙"的方式迂回开始。小额红包、细水长流的"围猎"方式正如温水煮青蛙一般，更容易让领导干部放下戒备，接受其"好意"，错以为这是人情味而不是铜臭味，是人与人之间的温情脉脉来往而不是利益交换。

　　小部分官员由功臣沦落为罪人，"围猎"者在其中确实起到了"催化剂"作用，但关键是这些官员没用好自己手中的权力。这一系列大案要案再次警醒人们，领导干部被腐蚀，往往能从饭局中找到"病从口入"的源头，直观上看是人情交往，实质上图的是领导干部手中的权力，正所谓"久为局中人，必有局外事"。

　　北京大学廉政建设研究中心副主任庄德水表示，"围猎"隐藏在日常生活、友情或亲情的外衣之下，但掀开这层"温情面纱"，真相往往是丑陋的："围猎"者所图的，只会是领导干部手中的权力。有的贪官入狱后反省和忏悔："原来以为那些'朋友'，是'打着灯笼都难找的'，现在看都在利用我。"官员的职位意味着权力，而商人的背后则是资本。二者一旦过度结合，官员就会丧失政治原则，衍生出各种明患和隐忧，最后沦为上害国家、下害自己的罪人。

　　中央纪委国家监委网站曾发文揭示河南省人大常委会原副主任、省公安厅原厅长秦玉海被"围猎"的过程，这大多与他的"雅好"——艺术摄影分不开。曹某购买了一台哈苏相机回到国内，提供给秦玉海使用，并先后四次出资为秦玉海举办摄影作品展，累计花费580多万元。秦玉海则向云台山公司打招呼，使曹某的公司顺利承揽了云台山公司在北京、南京、上海等城市的地铁广告业务。此外，秦玉海还帮曹某的公司协调提高了广告费标准。仅此一项，曹某的公司就获得广告费7685.5万元，利润率高达76%。由此可见，官员若对自己的兴趣、爱好不加以节制，就很可能被别有用心者利用。

领导干部的兴趣爱好一旦被人所知，"围猎"者就会想方设法地投其所好，打着"兴趣爱好"牌将领导干部拉下水。交往之中见党性，交往之中有原则。交友的动机要纯洁，要把握分寸，不能把权力和功利因素带到朋友交往中，要时刻警惕个别人的"感情投资"和形形色色的"公关"。双方交往要有原则、有界线、有规矩。一些领导干部为何会被"围猎"，而且被"围猎"的主要对象多是"一把手"或"实权派"？关键还是他们手里掌握的权力很大，缺乏制约和监督。领导干部被"围猎"，不仅仅是个人被拉下马、拉下水，搞权权交易、权钱交易、权色交易，搞利益输送，造成这个地方、部门或单位的政治生态恶化，社会环境被破坏，人们的心理被扭曲，结果正气树不起来，歪风邪气上升。

领导干部要避免落入温水煮青蛙式的圈套，就必须时刻保持清醒敏锐，自觉净化朋友圈，筑牢拒腐防变思想防线。私心和贪欲大概是潘多拉魔盒中的两个魔鬼，稍一松懈，就会侵蚀人的心灵。春秋时期，宋国大臣子罕以"不贪为宝"，世人传为美谈。东汉名臣杨震以"四知"拒贿，"悬鱼太守"羊续爱吃鱼而拒绝别人送鱼，二人均名垂青史。明代山西汾阳知县汤信，清廉严谨，剔弊除奸。他在县衙大堂内自题一联："作汾阳一行吏，春温秋肃；受暮夜半文钱，地灭天诛。"切莫任由自己贪婪的欲望膨胀，唯有如此，方能抵制各种诱惑，保持本性的淳朴和内心的清净。

贪官之所以落马，主要原因在于一个"贪"字。想要降服贪婪这一"心贼"，需要淡泊、清醒、理智和意志。淡泊能防止权位的诱惑，清醒才能战胜推戴的诱惑，理智能抵御粉黛的诱惑。白居易《委顺》一诗曰："外累由心起，心宁累自息。"看似外界种种让人感到疲惫，实则是自身心绪不宁所致。领导干部必须时刻保持头脑清醒，始终对身外之物看得透、想得通、放得下、忘得了，自觉抵制各种诱惑和歪风邪气，堂堂正正做人，清清白白做事，切莫让诱惑撩得神魂颠倒，切莫让诱惑引向人生岔道，决不让诱惑践踏精神家园。要辨明良莠，不滥交朋友，防止与不法商人"勾肩搭背"而突破法律底线。

面对各式各样的"围猎"，自律是最好的防守，慎独是最佳的底线。权力本身具有腐蚀性。权力具有鲜明的利益色彩，没有监督的权力必然导致腐败，这是一条铁律。少数领导干部过不了权力关、金钱关、美色关，当了欲望的俘虏，根源在于其不能自律。陈毅元帅在《七古·手莫伸》中如是说："岂不爱权位，权位高高耸山岳。岂不爱粉黛，爱河饮尽犹饥渴。岂不爱推戴，颂歌盈耳神仙乐。"领导干部身处各种人情世故的交汇处，如果稍有懈怠、放松，就可能丧失意志，动摇立场，在灯红酒绿的诱惑面前滋生享乐心理、攀比心理、失衡心理，进而放纵内心的欲望恣意膨胀，跨越底线，权为私用，进行权力寻租，结果走向自我沉沦，败下阵来。习近平总书记多次要求领导干部"慎独"："不仅要主动接受组织、制度的监督，而且还要不断加强自律，做到台上台下一个样，人前人后一个样，尤其是在私底下、无人时、细微处。"

自律：强心之道

中国传统文化历来把自律看作做人、做事、做官的基础和根本。

自律源于一个人对自己的真正关爱，源于一种道德良知。做一个自律的人，就是能率真地面对自我，操履严明，守正不阿，德居人前，利在人后。人性是有弱点的，何况又不是生活在无菌的真空中。因此，自律必不可少，万不可"挂空挡"。

有一次，田无宇到晏子家，见晏子在内室，有一位妇人从屋内走出来，头发斑白，穿着黑色的粗布衣服。田无宇故意用讥讽的语气问道："刚才那位从室内出来的人是谁啊？"晏子答道："是我妻子。"田无宇看着晏子说："您贵为中卿，食邑田税所入一年可达七十万钱，为何还守着老妻呢？"晏子说："我听说，休掉其年老的妻子称为乱，纳娶年少的美妾称为淫，见色忘义、身处富贵就背弃伦常称为逆道。我怎么可以不顾伦理、见色起意、逆反古人之道呢？女子无论多么年轻美貌，也终有年老之时。夫妻携手，本应白头偕老，共度一生，又岂能在得势之时，就抛下结发妻子于不顾呢？"

还有一次，齐景公派人送来骏马华车，晏婴也没有接受。他对景公说："我节衣缩食，是为了给黎民百姓做表率，以防奢华浪费之风盛行啊。"

"自律"一词，在《辞海》中的解释是"遵循法度，自加约束"。自律是个好品德——通过自我约束、自我调整，把行为限制在伦理道德、制度法规允许的范围之内。自制自律，管好自己，是做卓越领导干部的基本要求，是加强思想磨炼、党性修养、提高道德水平的阶梯。龚自珍说："不能胜寸心，安能胜苍穹？"如果连自己的心都抑制不住，又怎么能战胜外物呢？

治国先治吏，治吏先治腐，治腐先治心，治心先治欲。倘若一个人贪欲过强，自律不足，制度再好也无法防止他铤而走险。自律的表现，主要是能克服贪欲、暴躁等不良的情绪。一个让人敬重，能够带好队伍的干部，必须靠党性来克制欲望，常拂心灵之镜，自觉做到公私分明、克己奉公、严格自律。公款姓公，一分一厘都不能乱花；公权为民，一丝一毫都不能私用。

杨震是东汉名臣，陕西华阴人，自幼好学，知识渊博，被当时的读书人誉为"关西孔子"。杨震淡泊名利，为官清廉，郡守多次征召他出来做官，都被他称病拒绝，直到50岁时才开始出仕。唐代诗人周昙曾专门写诗赞誉杨震："为国推贤匪惠私，十金为报遽相危。无言暗室何人见，咫尺斯须已四知。"后来，杨震官至太常、太尉，但耿直无私、洁身自好的品格未曾有过一丝一毫的改变。

《元史》记载，元代大学者许衡，曾跟随众人避乱到河阳。由于路途遥远，天又很热，大家都很口渴。正巧道路旁有一棵梨树结了很多梨子，众人都争先恐后地去摘来吃，只有许衡一人端坐树下，始终不为所动。有人问他为什么不摘梨，许衡说："那梨树不是我的，我怎么可以随便去摘来吃呢？"有人讥笑说："现在世道都乱成这样了，这梨树早已没有主人了。"不料许衡却正色道："梨无主，吾心独无主乎？"许衡在饥渴难忍的情况下，在众人皆取的氛围中，不为所动，自觉抵御梨子的诱惑，保持了定力。许衡为官数十载，常思"我心有主"，从不妄取薪俸之外的一钱一物，成为历史上有名的廉吏。

自律的实质是人与自己的本能和欲望进行抗争。被誉为"包青天"的北宋名臣包拯一生俭朴清廉，甚至敢于拒收皇帝送的生日贺礼。明太祖朱元璋认为："安危治乱，在于能谨与否耳。自昔日有国家者，未有不以勤而兴，以逸而废。勤与逸，理乱盛衰所系也。"他劝诫官吏要兢兢业业，一心为民，"居安思危，处治思乱"，不要贪图享受。清代名臣刘墉入朝为相，位高权重，但始终节俭清廉。他最后告老还乡之时，只有一根扁担、两个箱子，里面放着所有家当。

　　让千里马驰骋沙场，需要先套上缰绳而不能任由其天马行空。马克思在《评普鲁士最近的书报检查令》一文中曾说过这样一段话："道德的基础是人类精神的自律。"诗人汪国真说："人，不一定能使自己伟大，但一定可以使自己崇高。"领导干部应把"约束自我"作为从政履职和党性修养的座右铭，严于律己，切莫任性，淡泊名利，让人敬重。能不能保持自律，既是衡量党性强不强的重要标志，也是事业能否有所建树的根本。习近平总书记指出："中国传统文化历来把自律看作做人、做事、做官的基础和根本。"自己管好自己，不那么任性，尽管难些，却最管用。

　　廉洁自律，以身作则，是领导干部必须具备的基本素质和修养，是思想纯洁、作风纯洁的重要体现，是精神家园的"保洁"。长征路上，毛泽东患有足疾，却常常把配给自己的担架和马匹让给其他伤病员，在"高原寒、炊断粮"的情况下，他和战士们一起忍冻挨饿。一次，警卫员为他多领了 20 个红辣椒，被他严令退还。他严肃指出："我们是红军，作为领袖怎么能搞特殊？"新中国成立后，条件虽然好了些，但毛泽东从 1952 年到 1962 年没做过一件新衣服，线袜、毛巾、睡衣、被子都是补了又补，其中一件睡衣到 1971 年时已补了 73 个补丁。他仅有的一块手表，还是郭沫若在 1945 年的重庆谈判期间送给他的。

　　毛泽东以天下为己任，反对一切特权思想。据他身边的工作人员回忆，抗美援朝战争期间，中央机关的行政处长拿来一份图纸，要给毛泽东翻修房屋，却遭到他的严厉批评："全国人民捐钱捐物支援前线，你为什么就不想想前线，只想到我的房子？我在这里多点一盏灯都舍不得，你就敢花那么多钱？"1950 年 5 月，沈阳市各界人民代表会议为庆祝新中国成立一周年，决定在市中心修建一座开国纪念塔，并拟在塔上铸毛泽东铜像。为此，沈阳市政府致函中央新闻摄影局请求代摄毛泽东全身像。毛泽东在来函"修建开国纪念塔"旁批"这是可以的"，在"铸毛泽东铜像"旁批"只有讽刺意义"。同年9月，毛泽东得知长沙地委和湘潭县委要在韶山建别墅、修公路的事后，立即给湖南省党政负责同志写信："如果属实，请令他们立即停止，一概不要修建，以免在人民中引起不良影响。是为至要。"①

严格自律，宽以待人，是处理好人际关系、干好工作的有效途径。刘少奇认为，共产党员的思想品质修养应当是：在同志关系上，吃苦在前，享受在后，把困难留给自己，把荣誉让给别人，严于律己，宽以待人；在党内团结上，光明磊落，襟怀坦白，平等待人，求大同存小异，反对吹吹捧捧，拉拉扯扯，结党营私，打击别人，抬高自己，搬弄是非，表里不一。他认为，为了维护党内团结的大局，可以"委曲求全"、宽容，即便受到"误解""冤枉""屈辱"也毫无怨言……这些谆谆教诲语重心长，应当加强这方面的修养。

常怀自律之心，知过必改，既不狂妄自大，也不妄自菲薄，始终保持一颗谦虚谨慎、奋发向上的进取心。这是提高道德水平、加强党性修养的阶梯，是加强思想磨炼及思想改造的过程。习近平总书记说："党员干部如果失去律己之心，随波逐流，趋利媚俗，放纵自己，就会混淆是非，走上邪路，使国家陷入'政怠宦成，人亡政息'的历史周期率。"②党员干部应把"常怀律己之心"作为从政履职和党性修养的座右铭，遵守党纪国法，提升思想境界。

党员干部要常念"紧箍咒"，自设"高压线"，行所当行，止所当

---

① 吴传毅：《毛泽东是廉洁自律的光辉典范》，《清风》杂志2024年第6期，第42—44页。

② 习近平：《激浊扬清正字当头》（2006年2月20日），《之江新语》，浙江人民出版社2007年版。

止。古罗马学者塞涅卡曾说："能约束自己的人，最有威信。"英国作家罗伯特·伯顿说："自制是金光灿灿的马缰。"自律的表现，主要是能克服各种诱惑，"勿以恶小而为之，勿以善小而不为"，管住自己的言行举止，克服懒惰、贪欲、暴躁等不良的情绪，克服冲动行为，不能为了一时之快而付出沉重的代价。

安徽省合肥市长丰县原来是一个贫困县，2012年"摘帽"，2016年跻身全国百强县。2023年，该县已实现生产总值近千亿元，位居全国综合实力百强县第79位，经济增速领跑长三角县区，多项经济指标均位列全省第一。从2012年脱贫"摘帽"到跻身"百强"，长丰县只用了短短4年时间。长丰县之所以取得如此骄人的成绩，是因为连续几届县委"一把手"和领导班子真正发挥了"火车头"的带头作用。"一把手"作表率，一级跟着一级干，以优良的党风政风为清朗政治生态奠定坚实基础，进而为提升营商环境、推动高质量发展提供了坚强保障。

廉洁自律是"仁者之德"、从政之本，是为民谋利的秉政基础，关系到领导干部个人的政治生命、人身自由和家庭幸福，关系到党和政府的形象声誉与改革开放和社会主义现代化事业的成败。领导干部保持廉洁，才能增加威信，增加号召力；保持廉洁，才不会授人以柄，让人牵着鼻子走；才能一身正气，敢于碰硬，而不必瞻前顾后；才能大义凛然，成为一个有为的领导。为官要清正廉明，才不会在离职时让老百姓戳脊梁骨。正如明代于谦所说："清风两袖朝天去，免得闾阎话短长。"

"君子爱财，取之有道。"这个"道"，说到底就是内心对清廉的一种信念和坚守。一个人过于追求享受和奢华，必然会付出沉重的代价。生命在永不知足的心态驱使下，就会不择手段地掠取、占有，而对法律的恐惧和良心的自责也会相伴而生，以致生命的质量大打折扣。这样做，并不是"善待人生"，即使生活富足也没有幸福可言。

常怀敬畏走人生

心理学研究认为，敬畏是人们始终处在清醒而又戒惧的状态下，运用理性思维产生的一种心理情怀。坚守敬畏是最好的"护身符"。人如果怕招灾惹祸，做事时就有畏惧之心；有了畏惧之心，就会小心谨慎；小心谨慎，就会远离祸患；远离祸患，就可以安居乐业，做事就容易成功。

一个人心中有敬畏，行为就有规范，就能自觉约束自己，不做出格越轨之事。为人处世，从政为官，是需要有所敬畏的。敬畏，是既敬重又畏惧。孔子说："君子有三畏，畏天命，畏大人，畏圣人之言。"朱熹也说："君子之心，常怀敬畏。"有箴言曰："凡善怕者，必身有所正，言有所规，行有所止，偶有逾矩，亦不出大格。"正所谓心有所敬，行有所循；心有所畏，行有所止。

有的人知道人间并没有鬼神，就什么都不怕，大大咧咧，什么都不放在眼里，好像离了他地球就不转了，大吹牛皮，甚至"百无禁忌"。对此，明朝思想家吕坤在《呻吟语·修身》中说："自天子以至于庶人，未有无所畏而不亡者也。天子者，上畏天，下畏民，畏言官于一时，畏史官于后世。百官畏君，群吏畏长吏，百姓畏上，君子畏公议，小人畏刑，子弟畏父兄，卑幼畏家长。畏则不敢肆而德以成，无畏则从其所欲而及于祸。"

敬畏是对自身言行的一种自律，是对不规行为的自我约束，是

自重自警状态下的自觉把握。心存敬畏，就有了如履薄冰的谨慎态度；心存敬畏，就有了战战兢兢的体察心态；心存敬畏，就有了小心翼翼的戒惧意念。古人云："心之忧危，若蹈虎尾，涉于春冰。"（《尚书·周书·君牙》）处理任何事情都要兢兢业业，应有踩着老虎尾巴和走在春天即将融化的冰河上一样的危惧感。

无论做人还是从政，都应有敬畏之心。心存敬畏，就有了虚怀若谷的君子风度；心存敬畏，也就有了如负泰山的神圣责任。没有敬畏之心，没有"不好意思"之感，出一点成绩便口出狂言、不知道"北"了，不情愿见贤思齐了，便不会有造福百姓的作为。能够摆正人生坐标、心存敬畏的人，才是真正令人敬畏的。

无论做人还是从政，都应常怀敬畏之心，这样才不敢放肆，行才有所止，才能防止心灵的滑坡。西汉刘向在《说苑·敬慎》中有语："身已贵而骄人者，民去之；位已高而擅权者，君恶之；禄已厚而不知足者，患处之。"身份高贵却很骄傲的人，民众会离开他；官做大了而又独揽大权的人，国君会憎恶他；俸禄优厚而又不知满足的人，灾祸会跟随他。西汉名将卫青，前后七击匈奴，功高盖世，然而他对人仍然恭恭敬敬，很有分寸。大臣汲黯对卫青出言不逊，可是卫青反而更加敬重汲黯。

汉武帝雄才大略，对直臣带有一种敬畏。他有时会蹲在马桶上，跟大将军卫青说话；和丞相公孙弘喝酒的时候，有时会不戴帽子。可是接见汲黯时，他不戴好帽子，就不敢出来。有一次，汉武帝没戴帽子，远远望见汲黯前来，一时间来不及叫人取，就赶紧避到帐子后面去，不敢失去一丁点儿礼节。

唐太宗喜爱鹞鹰，一日正在宫外把玩，遇到谏议大夫魏征，惊慌之中，忙将鹞鹰藏于袖中，结果此鸟窒息而死。面对谏官，虽见爱鸟死去，唐太宗却敢怒不敢言。魏征说过："古人说过'靡不有初，鲜克有终'。有好的开始并不一定能有好的结束。但愿陛下常怀畏惧之心，畏惧上天及民众，谦虚待人，严于自我反省，如此一来，大唐必能长保社稷，而无倾覆之虞了。"

心怀敬畏，言行上才会有所收敛。我们应将敬畏当作高悬的明镜，照亮充满变数的人生。"骥走崖边须勒缰，人至官位要缚心。"领导干部要时刻把党纪国法悬于头上，时刻把原则底线摆在心中，时刻把规矩纪律挺在前面。官有所畏，业有所成。"这个世界上唯有两种东西使我们感到感动和敬畏，这就是我们头顶的星空和心中的道德法则。"德国哲学家康德如是说。美国开国总统华盛顿曾经说过："当我走向总统宝座的时候，我的心情和罪犯被押赴刑场时的心情一样。"

面对党纪国法，要时刻保持敬畏之心，做事有底线，远离穷奢极欲、中饱私囊的贪婪。这样就不会违法乱纪，不会让人生蒙羞，不会受身败名裂之辱，从而活得洒脱、快活。如果心无敬畏，就会导致灾难。经常用"怕"字来约束自己，有一种如临深渊、如履薄冰的心态，掌实权而不揽势，居高位而不骄狂，可以避免许多矛盾和纷争。清代"第一廉吏"于成龙用"累千盈万，尽是朝廷正赋，倘有侵欺，谁替我披枷戴锁"来警醒自己。

防止被"围猎"，心中要有畏惧感，就是要敬畏纪律和规矩、国家法律，守住拒腐防变防线。举头三尺有神明，不畏人知畏己知。美国政治哲学家阿伦德·汉纳认为："恐惧是生存的一种必不可少的情感。"领导干部要有所为，又要有所畏。这个畏是经常用"怕"字来约束自己，怕违纪违法，不抱侥幸心理，坚守共产党员的原则、底线。面对歪风邪气勇于亮剑发声，面对贪污腐败敢于批判严惩，决不能随波逐流、同流合污。

有的人刚刚做了个芝麻官，有了头衔，就官气十足起来，说话的口气变了，对人的态度也变了，淡忘了党组织的培养和同志们的支持，甚至变得唯我独尊，不知天高地厚，骄躁、蛮横、狡诈、受贿，容不得别人冒犯。其原因之一，就是心中缺少敬畏！世间没有绝对的自由，因而不能随心所欲。无论手中权力大小，必须怀有敬畏之心，这是领导干部安身立命之本。在中央党校2010年秋季学期开学典礼上，习近平总书记提出，领导干部工作上要大胆开拓，用权上则要谨慎而行，常怀敬畏之心、戒惧之意，自觉接受纪律和法律的约束。"天下之事，成于惧而败于忽。"这里的"惧"，包含敬畏、戒惧的意思。有所敬，才知道自己的人格还有缺欠；有所畏，才懂得秩序是不可或缺的法则。敬畏之心让我们变得高尚。

那些忘乎所以、胡作非为的官员，大多不懂得敬畏为何物。"敬"是"畏"的前提和基础，"敬"是严肃、尊重和认真的体现，进一步是指做事严肃，避免错误；"畏"是"敬"的延伸和支撑，"畏"是指谨慎、害怕，心存忧惧而不懈怠，突出的是边界意识和自省精神。"敬畏之心"是两者的互动统一。领导干部要做到敬而有为和畏不敢肆，长期保持"泾渭"分明的规矩意识，在感情与法纪之间始终保持清醒的头脑，面对老乡、故友上门找办事，应当树立底线意识，时刻提醒自己，不该拿的不拿，不该说的不说，不该办的不办。

懂得敬畏，乃是给内心留出一个可管束的空间。汉代著名学者刘向说："位已高而意益下，官益大而心益小，禄已厚而慎不敢取。"（《说苑·敬慎》）地位很高，仍要谦恭；官职越大，越要谨慎；待遇优厚，不敢轻取。《淮南子·说林训》说，君子治理百姓，他的心情就像用腐烂的缰绳驾驭奔马，就像踩在薄冰上而下面藏着蛟龙一样战战兢兢。

被誉为晚清"中兴第一名臣"的曾国藩位高权重，但做事却常怀敬畏之心。曾国藩在给两个弟弟的信中，时常告诫他们，日过正午要偏斜，月到圆满则亏缺，曾家眼下正处在日正月圆时刻，时时有走下坡路的可能，应当勤政、廉洁，谨慎从事，推迟这一时刻的到来。

敬畏是领导干部最好的自我保护。有了敬畏之心，才能知道哪些事情不能做，确保言行举止不逾矩。因此，要让心存敬畏、手握戒尺真正成为日常自觉，对权力、对组织、对群众都要有真真切切的敬畏之心、戒惧之意，牢固树立纪律和规矩意识，警示自己不要越轨，作为人生的重要信条。领导干部要将纪律规矩立于心头，知敬畏、存戒惧、守底线，敬畏党、敬畏人民、敬畏法纪，不能在"月黑风高无人见"的自欺欺人中乱了心智，不能在"法不责众"的错误认识中恣意妄为。

要主动在思想上画出红线、在行为上明确界限，不干违反法纪的事，时刻把法纪的戒尺、规矩的戒尺、道德的戒尺牢记于心，让廉洁铭刻人生，把清白留给历史，让青春在推进中国式现代化的伟大实践中绽放绚丽之花，在追求真理、执政为民中寻找快乐，在作出实绩中得到快乐。

欲知方圆　则必规矩

后元六年（前158），汉文帝去慰劳军队，到其他军营，一路上长驱直入，没有任何阻拦。到了周亚夫的细柳营，镇守营门的人却说："将军有令，在军中只听从将军的命令。"周亚夫于是传令打开军营大门。守卫营门的官兵对跟从皇上的军官说："将军规定，军营中不准纵马奔驰。"汉文帝只好放松马的缰绳，缓缓而行。到了营帐前，周亚夫全副武装向汉文帝行拱手礼："军装在身，例不下拜，请允许我以军礼觐见皇上。"说着，他拿下军帽，向汉文帝鞠了一躬。汉文帝没有生气，而是表达了对周亚夫的敬意。出了细柳营，许多大臣都对周亚夫的言行感到意外。汉文帝却说："这才是真正的将军啊！"

纪律是管党治党的"戒尺"，也是党员、干部约束自身行为的标准和遵循。"欲知平直，则必准绳；欲知方圆，则必规矩。"（《吕氏春秋·自知》）任何一个社会，无论哪个国家，都不能没有纪律。1920年3月29日，列宁在俄共（布）第九次代表大会上代表中央委员会作报告时，就向全党提出"要有铁一般的纪律，铁一般的组织"的要求。1942年4月，毛泽东同志在中央学习组会议上所作的《关于整顿三风》的报告中指出："身为党员，铁的纪律就非执行不可。孙行者头上套的箍是金的，列宁论共产党的纪律说纪律是铁的，比孙行者的金箍还厉害，还硬。"回望我们党百余年的奋斗历程，守纪律讲规矩作为中国共产党人的政治操守，始终与党的初心和使命联系在一起。

1934年10月，中央红军第五次反"围剿"失败，在仓促中决定战略转移，瞿秋白奉命留在江西。他患有肺病，身边又无人照顾，留下来很可能会牺牲。当时，有个同志送来一匹好马，劝他骑马追上部队，随红军主力一起走。他坚定地拒绝了："组织上没决定，我不能擅自前去，要服从组织决定。"后来，瞿秋白被国民党当局逮捕，英勇就义。瞿秋白牺牲了，但他遵守党纪的事迹却影响和教育了众多党员干部，为党员干部树起了标杆。

辽西战役的时候，正是秋天，老百姓家里有很多苹果，但我们的战士一个都不去拿。解放战争时期，攻入上海市的解放军战士，严格执行"不入民宅"的规定，和衣抱枪露宿街头。杨善洲的小女儿杨惠琴即将分娩，女婿用林场公车接岳母到宝山照料，杨善洲硬是交了376元的油费和过路费。

对于一个政党来说，纪律松弛，就会出现"破窗效应"，党就不成其为一个有战斗力的整体，甚至会变成党员各取所需、自行其是的"私人俱乐部"。抗战胜利之初，国民党的威望一度很高。后来，当他们进入大中城市接收日伪财产时，由于纪律涣散，导致接收变成了"劫收"。李宗仁回忆北平、天津接收情况时说，国民党政府接收人员，一入平津，"直如饿虎扑羊，贪赃枉法的程度简直骇人听闻，他们金钱到手，便穷奢极欲，大肆挥霍，把一个民风原极淳朴的故都，旦夕之间便变成了罪恶的渊薮"。几乎没用多长时间，国民党就惹得民怨沸腾，民不聊生，导致民心尽失、一溃千里。①

党要管党、从严治党，靠什么管，凭什么治？只盯着极少数严重违纪违法的党员领导干部，是管不住、治不好的，要靠严明纪律和规矩。如果纪律和规矩成为"纸老虎""橡皮泥""稻草人"，就会导致政治生态恶化。懂规矩、守规矩，是我们党的光荣传统和独特优势，是全面从严治党的关键所在，是党生存和发展的生命线，是工作之所系、大局之所需，因而必须把政治纪律和政治规矩挺在最前面。"这个问题，我是'婆婆嘴'反复讲。"党的十八大以来，习近平总书记多次围绕纪律规矩，给领导干部讲道理、敲警钟、画红线，谈纪律规矩的重要性，强调"人不以规矩则废，党不以规矩则乱""纪律不严，从严治党就无从谈起"。据中央纪委国家监委网站公布的消息统计，2024年共查处中管干部55人，是党的十八大以来查处中管干部人数最多的一年，其中正部级干部有8人（6人任上被查）。

———————————

① 王均伟：《纪律严明是我们党的光荣传统和独特优势》，《求是》2024年第11期，第46页。

对于党的规矩和党的纪律，习近平总书记有精辟阐述："纪律是成文的规矩，一些未明文列入纪律的规矩是不成文的纪律；纪律是刚性的规矩，一些未明文列入纪律的规矩是自我约束的纪律。党内很多规矩是我们党在长期实践中形成的优良传统和工作惯例，经过实践检验，约定俗成、行之有效，反映了我们党对一些问题的深刻思考和科学总结，需要全党长期坚持并自觉遵循。"①在强调规矩意识的时候，习近平总书记引用了一个重要概念——破窗效应。他说，如果党的政治纪律成了摆设，就会形成"破窗效应"，使党的章程、原则、制度、部署丧失严肃性和权威性，党就会沦为各取所需、自行其是的"私人俱乐部"。习近平总书记在庆祝中国共产党成立95周年大会上的讲话中指出："管党治党，必须严字当头，把严的要求贯彻全过程，做到真管真严、敢管敢严、长管长严。""我们要加强和规范党内政治生活，严肃党的政治纪律和政治规矩，增强党内政治生活的政治性、时代性、原则性、战斗性，全面净化党内政治生态。"

要坚持纪严于法、执纪执法贯通，深化运用"四种形态"，把严守政治纪律和政治规矩放在首位，发挥纪律建设标本兼治的利器作用。习近平总书记明确提出"党规党纪严于国家法律"，要"把纪律挺在前面"，告诫"党员'破法'，无不始于'破纪'"，强调"纪律不能成为'稻草人'，不能成为聋子的耳朵——摆设"。要坚持党纪面前人人平等、执行纪律没有例外。要用纪律的尺子衡量党员行为，有纪必执、执纪必严、违纪必究，使纪律真正成为"带电的高压线"。要用好反面典型的"活教材"，通过编印忏悔录、观看警示教育基地、违纪违法现身说法等多种形式，让眼前警示教育直击灵魂深处，心存敬畏。警示

① 习近平：《守纪律，讲规矩》（2015年1月13日），《习近平著作选读》第1卷，人民出版社2023年版，第346页。

领导干部"八小时以外"应该做什么、禁止做什么、警惕哪一些，严格修身自律，把握社交分寸，自觉净化社交圈、生活圈、朋友圈，真正让外在的戒律变成内在的自觉，让有形的规矩变成无声之行动，始终不触碰纪律红线。

越是仕途顺利、踌躇满志，越要管好自己，加强纪律修养，学习党纪政纪和法律条规，不当"纪盲""法盲"，更不要有擅权营私的特权，不能有"刑不上大夫"的侥幸。要注重名节，懂得珍惜，不能胡来。

监督别人的人首先要监管好自己，执纪者要做遵守纪律的标杆。有的纪检干部迷失了方向，掉进各种"陷阱"而难以自拔。在电视专题片《打铁还需自身硬》中，魏健、曹立新等纪检干部面对"围猎"防线失守、执纪违纪，利用手中的监督执纪权寻租牟利，引起社会广泛关注。2002年至2014年4月，魏健为他人在企业项目推进、案件受理、职务调整等方面提供帮助，非法收受他人财物，共计折合人民币5415万元，以受贿罪被判处有期徒刑15年。魏健被查，这个最不该腐败的人腐败了——这个运用党的纪律的人，不知敬畏党的纪律，变得寡廉鲜耻。魏健被查，用铁的纪律扫除"灯下黑"，体现了中央纪委在反腐工作中刮骨疗毒、壮士断腕的决心和勇气，是反腐败零容忍、无禁区的范本，又一次表明没有人享有免于监督的特权。

2024年9月30日晚，中央纪委国家监委驻中央组织部纪检监察组组长李刚官宣被查。纪检监察干部本应是反腐倡廉的先锋卫士，却在利益诱惑下成为"叛徒"。自全国纪检监察干部队伍教育整顿以来，纪检监察系统已有一批"内鬼"被查。中央纪委国家监委网站发布的数据显示，2024年上半年，全国纪检监察系统共接收涉及纪检监察干部问题线索或反映1.38万余件次，处置涉及纪检监察干部问题线索1.24

万余件，谈话函询纪检监察干部4312人次，对纪检监察干部立案1569人，处分2003人，移送司法机关268人，其中处分厅局级干部95人、县处级干部560人。纪检干部只有严于律己、清廉自守、慎微慎独，才能炼就"金刚不坏之身"，在腐蚀与反腐蚀的生死较量中站稳脚跟、以正压邪。

党的纪律是全党意志的体现，是党的各级组织和全体党员必须遵守的行为准则。党章第三十九条规定："党的纪律是党的各级组织和全体党员必须遵守的行为规则，是维护党的团结统一、完成党的任务的保证。"只有纪律严明，才能保证党的各项工作达到预期的目标。党员干部要自觉接受组织约束，严格遵守组织纪律，始终遵循组织程序，重大事项该请示的请示，该汇报的汇报；要坚决贯彻组织决策，有意见可以提，但一旦定了，就必须带头贯彻执行，不能打丝毫折扣。

领导干部要把严的要求、严的标准、严的措施落实到日常教育管理监督各方面。要有抛开面子、揭短亮丑的勇气，有动真碰硬、敢于交锋的精神，在大是大非面前头脑清醒、旗帜鲜明，敢于同违背原则、违规违纪、损害党中央权威的现象作坚决斗争，敢于同一切违背发展大局、侵害企业和职工利益的行为作坚决斗争，要露头就打，执铁规、出重拳，让各种歪风邪气没有市场。

用制度制约权力

"制度"一词，古已有之。《商君书》有言："凡将立国，制度不可不察也。"制度是节制人们行为的尺度。制度从大的方面说，包括体制和机制；从小的方面说，是指规章制度。

权力是一把双刃剑，具有两重性：善加利用，能使人成功，使人神圣；稍有不慎，则会导致失败，使人腐朽。权力具有扩张性、垄断性、腐蚀性，既可以为人民谋利益，也可能被权力所腐蚀，使手中的权力异化变质，成为独享的资源、谋私的工具。

法国社会学家孟德斯鸠在《论法的精神》一文中说过："一切有权力的人都容易滥用权力，这是万古不易的一条经验。"他还说过一句名言："没有制约的权力，必然走向腐败。"英国历史学家约翰·阿克顿曾揭示出这样一种政治规律："绝对的权力将导致绝对的腐败。"所谓绝对的权力，就是指权力独揽、个人专权、个人专断，而且不受任何限制。腐败现象的实质是为官掌权者利用公共权力谋取个人私利。

国际透明指数公布的廉洁指数比较高的国家，都建立了与自己国情相适应的权力监督体系，以保证权力不被滥用，不被"寻租"。菲律宾反贪局教育研究室主任万先生对腐败用模式概括为"腐败＝权力＋缺乏控制力（政府或个人）＋机会"，可谓一语中的，道破了官吏腐败的重要原因：缺乏对权力的有效监督。

美国著名律师汉密尔顿有段演说词"权力可以合适地被比作一条大河，当它保持在河道里时，它是又美好又有用；但当它溢到岸上，便迅猛不可挡，冲走前方的一切，带去毁灭和灾难……"，形象地说明了权力必须被监督和制约。权力好比河流，监督好比堤坝，如果堤坝达不到应有高度或不坚固，河流就会带来灾难。

好的制度约束有扬善抑恶的作用，在干部队伍官德建设中带有根本性、全局性、稳定性和长期性。邓小平曾深刻指出："我们过去发生的各种错误，固然与某些领导人的思想、作风有关，但是组织制度、工作制度方面的问题更重要。这些方面的制度好可以使坏人无法任意横行，制度不好可以使好人无法充分做好事，甚至会走向反面。"①由于体制、机制不够完善，在市场利益驱动下，一些人为了达到规避公平竞争以获取非法利益的目的而结交领导干部，一些心理失衡和私欲膨胀的领导干部，则趁机大搞"权力寻租"、权钱交易、权色交易，把人民赋予的权力变成报恩、巴结、利益交换的利器，或者攫取不正当利益的工具。

合理有效的制度约束，是抑制权力副作用的根本之策。如果将权力比作老虎，将完善的体制比作笼子，那么只有笼子才能制约住老虎，而老虎一旦出了笼，或者放虎归山，权力便不受控制。我们现在的问题主要出在"笼子"，而不在"虎"。

制度互相衔接不够，致使制度漏洞较多，形同虚设；有的制度大道理多，可操作的具体措施少，或是有要求无措施，或是虽有措施，但与实际情况相去甚远，不能用以指导实践，在制度落实过程中缺乏严密的监督措施。要摒弃模糊语言，如"酌情处理""有关部门"等，最大限度压缩自由裁量、"合理"解释的空间，明确规定应该怎么办、不能怎么办、违者如何处理，使滥用权力者"不能为"，无空可钻；建立事前监督与事后惩罚机制，使滥用权力者"不敢为"。

腐败问题从根源上说，是权力失去制约和监督而导致的权力滥用、以权谋私行为，因而必须打造"关"得住权力的"制度铁笼"。习近平总书记在十八届中央纪委二次全会上发表重要讲话强调："要加强对权力运行的制约和监督，把权力关进制度的笼子里，形成不敢腐的惩戒机制、不能腐的防范机制、不易腐的保障机制。"把权力关进制度的笼子里，是对权力与制度关系的形象概括，意在把权力运行纳入制度轨

---

① 邓小平：《党和国家领导制度的改革》，《邓小平文选》第2卷，人民出版社1993年版，第219页。

道，自觉按制度使用权力，用制度监督、规范、约束、制衡权力，保证权力正确行使，对一切滥用的权力进行有效约束和监督，让手中权力恰如其分地发挥作用，更好地挑起重任。

要按照中央纪委的要求，对违反规定收送现金、有价证券和支付凭证的，按照组织程序一律先免职，再依据规定处理。对"跑官要官"的，要批评教育，不能提拔重用，在重要岗位上的要予以调整，已得到提拔的要坚决撤下来。对"跑官要官"制止不力造成用人严重失察失误的，要严肃追究责任。放任、纵容配偶、子女及其配偶和身边工作人员利用领导干部职权和职务影响经商办企业或从事中介活动谋取非法利益的，要辞去现任职务或者由组织责令辞职，并按照规定给予纪律处分。参加赌博的应予以免职，再依据规定处理；到国（境）外赌博的，要从严惩处。

制定领导人员、管理人员的职业道德规范。逐级签订廉洁从业承诺责任书；建立业绩、诚信和廉洁情况的廉政档案。实行工程建设、物资采购招投标廉政双合同制度，并对廉政合同履行情况进行检查考核，定期予以通报。

实施责任追究应根据不同情况，给予纪律处分或批评教育、责令检查、通报批评等处理方式。责任追究更多地涉及领导和管理责任，免职、解聘等职务变动，可更直接有效地解决领导和管理问题。党风廉政建设责任制和"问责制"要有机结合，既要区别处理腐败、违纪、失职和管理等问题，又要营造廉洁自律、遵章守纪、强化管理、责任重于泰山的氛围。对领导人员违纪违规行为，要实施组织处理、经济处罚、职位禁入及重大决策、用人失误追溯等制度。

要建立主体清晰、责任明确、权力配置科学的制度执行工作责任制，把制度执行的任务逐项落实到每个部门、每个单位、每个岗位，明确执行时限、要求和责任，并加强制度执行情况的监督检查。对制度执行不力造成后果的追究有关责任，严肃查处违反制度的行为，以维护制度的权威性和严肃性。

监督到位与接受监督

天安门前华表的前身是"午"字形的"谤木"。相传，尧帝在治理国家时，让人们把他在政治上的缺失写在上面，相当于意见箱。"尧立诽谤之木，舜设敢谏之鼓"，堪称我国最早采取的监督措施之一。

秦始皇统一中国后，有不少建树，如在各郡设监督官员，借助督察手段整饬吏治。元世祖忽必烈曾说："中书省是我的左手，枢密院是我的右手，御史台是我用来医治左右手的。"这些监督制度虽有一时一地之效，但并不能对贪官保持持久的威慑力。

掌握权力的人如果没有监督制约，总是一个人说了算，不接受监督，随时都有被权力腐蚀的可能性，必然导致腐败，必将导致专横，甚至会导致悲剧。有的领导干部在批评监督中成长，在放任自流中堕落。据 2025 年初电视专题片《反腐为了人民》报道，2024 年 4 月 2 日，江西省政协党组书记、主席唐一军在任上被查。2024 年 10 月 7 日，唐一军被"双开"。通报中提到，唐一军廉洁底线失守，利用职权帮助亲属承揽金融业务；违规干预、插手市场经济活动和司法活动；家风不正，对配偶失管失教；毫无纪法观念，把公权力当作谋取私利的工具，大搞权钱交易，利用职务便利为他人在企业经营、公司上市、职务提拔、案件处理等方面谋利，并非法收受巨额财物。

唐一军的妻子宣敏洁多年从事金融、财经工作，曾在国企担任高管，2005年下海经商。宣敏洁下海后的第一桶金，靠的就是唐一军的权力。当时，唐一军在宁波担任市委副书记，一家企业和宣敏洁的公司合作开发一个房产项目。所谓合作，方式是宣敏洁不需要投一分钱，只需要让唐一军给相关部门打招呼，为该项目取得建设用地指标等事项提供帮助。事情办成后，宣敏洁的公司以退出项目、股权对价为幌子，获利500余万元。

2024年5月30日，十四届全国政协常委、民族和宗教委员会副主任苟仲文被查，成为体育系统掀起反腐风暴以来落马的最高级别官员。2024年12月12日，苟仲文的"双开"通报中提到，苟仲文违反民主集中制原则签批大额资金；利用职权为亲属经营活动提供帮助，搞权色交易；在体育项目建设或收购中不正确履行职责，私自留存涉密文件；随意决策，滥用职权，造成巨额经济损失。

加强对领导干部的监督，体现了党组织的关心和爱护，对预防和治理领导干部腐败至关重要。乐于被监督，规范的是行为，助推的是成长，因而应主动接受监督，将监督作为一面镜子。各级领导干部必须充分认识接受监督的重要意义，提高接受监督的自觉性。

许多事实说明，对腐败监督制约的力度和有效性与发生腐败成反比。 对腐败监督制约的力度越大，有效性越强，则腐败就越少、越弱，反之亦然。如果忽视和缺乏监督，就会使有的领导干部产生"刑不上大夫"的错误思想，认为监督不到自己头上，以致有恃无恐，胆大妄为，出现腐败。

一些人乐于接受权力而不愿意权力被人监督，总想把手中的权力不受约束地尽情发挥。当掌握权力而没有监督和制约时，虽然一时感到"舒服"，但容易得意忘形，滥用权力，甚至权力寻租，自毁前程。提高对领导干部有效监督的能力，使监督发生在权力操作之中，要比发生在腐败后好得多。因此，要建立健全结构合理、配置科学、程序严密、制约有效的权力运行机制和监督管理机制，使每个领导干部始终处于严密有效的监督之下。监督是一种关心、一种保护，是被监督者的福分。当一个人有权的时候，最值得担忧的是被监督意识随着权力的增大而逐渐淡化，最值得庆幸的是被监督意识随着权力的增大而愈加强化。

落马贪官朱某在忏悔录中自述："当'一把手'35年，开口基本没人反对。""其实有人监督、有人看是福，没人看、没人想看、没人敢看是祸。"有人监督，是个人之福、家庭之福。权力"有人监督"，才能循着正道稳健运行。各级干部要做政治上的明白人，养成"有权就有责，用权受监督"的自觉。

为了抓好监督工作，应搞好权力制衡。要本着对党的事业负责、对同志负责的精神，关注权力运行过程，找准权力运行"风险点"，建立起相互作用、环环相扣的权力监督机制，形成上下左右全方位的制约网络。应针对个人、部门、单位权力过分集中、缺乏约束，容易产生以权谋私的行为，对权力进行适度分解，亦即对权力总量进行合理切块——在分权、均权、抑权、制权上采取有效措施，使每个权力行使者都具有权力的行使者和权力的制约者的双重身份。权力的行使者不仅受到其他权力的约束，而且也同时约束着其他权力，从而解决因权力集中、权力较大而形成的监督空白。

要严格执行民主集中制，坚决防止个人独断专行。坚持集体领导、民主集中、个别酝酿、会议决定的原则，坚决防止个人凌驾于组织之上。严格执行重大决策、重要干部任免奖惩、重大项目安排和大额度资金使用事项集体决策制度，进一步增强权力运行的透明度，不断完善了解民情、反映民意、集中民智、珍惜民力的机制。

抓好监督工作需要牵住"牛鼻子"，即领导干部特别是"一把手"。 许多事实说明，搞好一个地区、一个企业不易，搞糟一个地区、一个企业容易；搞好一个地区、一个企业光靠一个人不行，搞垮一个地区、一个企业有一个人或几个人就够了。"一把手"遇到的诱惑和考验较多，往往成为"糖衣炮弹"重点攻击的对象。"一把手"的一言一行、一举一动，对干部群众有着举足轻重的影响。因此，应当把监督"一把手"作为监督的重中之重。

上级领导要坚持对下级"一把手"定期考核制度，包括用权是否得当，有没有"一手硬而一手软"的状况，自身是否廉洁，并将群众反映和考核的结论，及时向下级"一把手"反馈。对有明显毛病和执纪不好的同志进行告诫。

上级领导监督下级"一把手"，要深入下去，听取方方面面的意见和反映，防止"走马观花""雾里看花"。要敢于坚持原则、坚持标准，以工作绩效和品德作风论优劣，该提醒的及时提醒，该警示的及时警示，不要怕得罪下级丢选票，不要借口"没有功劳也有苦劳"而予以迁就或袒护。

要加强对领导人员八小时以外活动情况的监督，这是对领导人员权力行使进行监督的一种延伸和拓展。 从近几年查处的案件看，一些领导人员违法违纪，思想霉变是内因，也是主因，而对他们监督不力则是重要的外因，尤其是与八小时工作以外的监督不力或失去监督密切相关。领导人员的八小时以外，避开了工作岗位的约束，大多由个人自由支配，监督的难度较大。应研究制定领导人员八小时以外的行为规范，把监督的触角伸向领导人员的"社交圈""生活圈"，获取领导人员的真实情况，发现有不廉洁行为的，要及时进行诫勉谈话，限期改正，发现违法违纪问题的，要严肃执纪。

要把好干部任用入口关，构筑抵御权力腐败的第一道防线，可收事半功倍之效，减少亡羊补牢之痛。 因此，选拔任用干部，应把干部的政治素质和廉洁自律情况放在首位。坚持做到多数人不赞成的不提名，未经组织人事部门认真考核的不讨论，集体讨论干部提拔任用时多数人不同意的不通过，提高选人用人公信度，增强民主推荐、民主测评的科学性和真实性，提高考察任用干部的准确率，使党性较强、实绩突出、"口碑"良好、符合大多数人意愿的优秀人才走上领导岗位。对于考察失误，将权力错授给政治素质差且有违纪行为的，应追究责任；对于选拔干部不按民主集中制程序进行，存在任人唯亲、权钱交易，造成严重损失和恶劣影响的，应追究责任。

应提高党内民主生活会质量，强化党内民主监督。 党内监督的覆盖面应该是全方位的，即"横向到边、纵向到底"，不留死角，不允许留有监督空白点。邓小平指出，领导干部的情况，上级不是能天天看到的，下级也不是能天天看到的，而同级的领导成员之间彼此是最熟悉的。民主生活会是班子成员互相监督的最好形式。党委成员要站在党性原则的高度，勇于直言批评，消除私心杂念和畏难情绪。正、副书记应以身作则带好头，严格细致地要求每个领导干部对照条款自查自纠，一旦发现有的同志对存在的问题避大就小、避重就轻、避近就远，不肯接触实质性问题，要及时引导，批评帮助。

让群众监督必须建立在可以监督的条件之上。 诚如列宁说的那样："没有公开性而谈民主制是很可笑的。"[①]公开，是防止权力滥用、"暗箱

---

① 《列宁选集》第1卷，人民出版社2012年版，第417页。

操作"的一剂良药。因此，党政领导应坚持公开原则，让"阳光"普照大地：把群众关注的干部选拔、工资晋升、子女就业、招工招干等事宜尽量公开，把掌管人、财、物实权部门和岗位的政务适当公开，消除权力与金钱交易的温床，化解矛盾，理顺关系。应由公开宏观事项发展到公开具体事项，重大事情由公开办事章程到公开办事结果，让群众来评判和监督，给群众一个"明白"，还干部一个"清白"，"感受阳光的力量"。应注意保护群众监督的积极性，营造一种监督有理、监督有功的氛围。

无数腐败分子的案件警示我们，尽管共产党员"是特殊材料制成的"，领导干部是其中的佼佼者，但不能由此推论他们就必然具有天然的防腐功能——每个党员领导干部都面临着权力、地位、金钱、美色的考验，与腐败分子之间并没有不可逾越的鸿沟，因而必须严格约束自己，自觉接受组织、群众、舆论的监督。权力得到监督是除患之良策，是一种幸福。如果拒绝监督，带头违纪违法，极易给政治生态造成严重破坏。

马克思曾强调无产阶级国家的"勤务员经常是在公众监督之下进行工作的"。[①]监督是促使领导干部廉洁勤政的外在条件，从内心自愿接受监督，才是促其廉洁勤政的内在的决定性因素。自觉接受监督，以期通过外在的监督，促使自己对不该为的事情"不能为""不想为"，各种外在的监督措施才能产生良好的效果。

领导干部越是欢迎别人监督，就越能在工作中行得端、站得稳、走得正。 辽宁省的一位同志讲："很多落马的'一把手'在忏悔时都提到，如果组织能够及时拉我一把，我也不会走到今天。但事实

---

① 《马克思恩格斯选集》第2卷，人民出版社2012年版，第414页。

上，当组织对他们‘咬耳扯袖’、提醒帮助时，他们又是怎么对待监督呢？"可见，"一把手"能否自觉接受监督，关键在于思想上怎么认识，如果真能想通"听批评声总比找不到后悔药强得多"的道理，也就能坦然地适应被监督。乐于被监督，约束的是私欲，保护的是生存权。被监督，如同为自己请了一个保健医生，经常为你做"体检"，做到无病预防，有病治疗，防止小毛病发展成大错误，避免"亚健康"恶化成"不健康"。领导干部都要自觉接受监督，党内不允许有任何不接受监督的特殊党员。如果自我约束不力又脱离了监督，就会出问题。

公正者从来不畏惧监督，愿意让手中的权力在阳光下运行，使人民群众从中感受到有权者的公心、公平、公正，从而在被监督中赢得民心，增强公信力。虚心地、真诚地接受监督和批评，不是一种摆设，也不是一种姿态，而是一个关乎党性原则的重大问题，是增强免疫力的内在力量，是抵御各种诱惑、保持不败的重要保证。自觉接受党组织和群众的监督，诚恳接受批评，就可以使自己的思想受到触动，得到警醒。经常反思，加强防范，有些小来小去的事，警惕性可能就高些，不会马马虎虎上当，就可以使自己认清有了党纪政纪规范必须遵守，不能越雷池一步。经常规范自己，矫正言行的误差，还可以使自己已经发生的问题得到及时发现和改正。

1940年10月，陈毅在苏北根据地时，苏北参政员施文舫指责东台潘微区委谭启民贪污腐化、蒙上欺下，言语中还夹有批评陈毅偏听偏信之意。因其言辞过激，陈毅忍不住当场发了火，怒斥施文舫。施冷笑一声，愤然离去。事后陈毅经多方调查，发现谭启民确有严重错误，于是责成东台县委对谭启民的错误进行严肃处理。又隔了两天，陈毅主动到施文舫家道歉，施文舫对此深为感动。24年后，陈毅在

《六十三岁生日述怀》一诗中感叹道："难得是诤友，当面敢批评。有时难忍耐，猝然发雷霆。继思不大妥，道歉亲上门。于是又合作，相谅心气平。"

　　领导干部自觉接受党组织监督、群众监督、民主党派监督，必须清醒地认识到权力绝不是可以无限扩大的，权力绝不是可能滥用的，权力必须始终受监督和制约的，必须按照党的纪律以及办事规则和程序去行使权力，摆正自己在党内的位置，积极参加组织生活，虚心听取别人的批评，防止主观随意性和滥用职权。做不到这一点，就意味着权力可能要脱轨或失控。

　　有了健全而正常的监督，干部行使权力就会谨慎，自律意识就会增强，就会常常有如履薄冰之感。听取各方面的不同意见，鼓励员工"挑刺"，及时修正决策执行中可能出现的偏差，广开言路。要有海纳百川的勇气和广阔的胸襟，从他人的评价中全面了解自己，有则改之，无则加勉；要有秉公办事和敬业奉献的品质，公平公正办事；要有严于律己和廉洁从业的觉悟，高标准、严要求。

　　自我监督是监督的一个不可缺少的环节。只有在自我不断的对照、反省、提示、督促下，精神境界才可能不断提高。有些事领导监督不了，这就更要靠自身过硬，思想道德防线牢固，什么事能做，什么事不能做，一定不能含糊，千万不能迈出错误的第一步。要经常按照党章和党纪政纪条规对照检查，经常从典型案例中汲取教训，决不把党和人民赋予的权力作为个人进行等价交换的商品，搞权钱交易。要虚心听取批评，勿以善小而不为，勿以恶小而为之，不以自己"资历深"自居，不能目空一切、"一手遮天"。

人生是一道选择题

　　南宋宰相陈自强从小致力科考，以期改变命运。老年时，他终于位极人臣，开始利用手中权力徇私舞弊，买卖官职。送上来的公文，如果没有附加价值，他看都不看一眼，几年之内就积累了大量的财富。事情败露后，朝廷没收了他的全部财产并将他流放，他最终在流放的路上冻饿而死。死前，他后悔万分地说："如果我不出来当官，在乡下安享晚年该多好。"

　　　　　　　　　　　选自《百家讲坛·传奇故事》2023年第9期

第七章

例说

优化文往

换位思考：办事的要则

战国时，晋国大夫赵盾外出巡游，看到一个人饿得倒在大槐树下，于是赶紧给他食物。这个人一边吃，一边拨出一半放到旁边。赵盾问："你怎么不吃完啊？"他说："我这一半要带回去给我母亲。"赵盾一听很感动，就赏赐给了他一些食物。

几年以后，赵盾屡次向晋灵公进谏，晋灵公十分恼怒，就在宫中设下埋伏。赵盾进宫之时，刺客忽然冲了出来。情况万分危急之时，一个宫中侍卫忽然倒戈，拼命保护赵盾逃脱。赵盾很感激，事后问："你是宫中侍卫，为何要保护我呢？"那人道："我就是几年前躺在大槐树下的那个人啊，多亏你的饭救活了我和我母亲！我一直记着这个恩德。"

人们常说"推己及人"，就是要将心比心，站在别人的角度，思考自己的言行。换位思考是交往的第一要则，是每日应做的一门功课。明朝吕坤认为，"肯替别人着想"是人际交往的"第一等学问"。替自己着想容易，替别人着想需要具备较高的道德修养。换位思考是对他人的一种心理体验过程，像感受自己一般去感受对方的快乐与哀愁，理智解决问题。正如亨利·福特所言："如果你想拥有一个永远成功的秘诀，那么这个秘诀就是如何站在对方的立场上考虑问题。"

《论语》堪称"思无邪"的传世经典。"己所不欲，勿施于人"，已成为世界公认的道德金律。用自己的心推及别人的心；自己不想做、不愿做的事情，要理解别人同样不想做、不愿做的心情，因而不把这样的事推给别人。孔子说："己欲立而立人，己欲达而达人。"自己想发展、想有所建树，就应该理解别人也想发展、想有所建树的心情，从而容许并支持别人的发展。希望得到他人宽容、谅解，要想到他人也希望得到自己的宽容和谅解。如果自己不能宽容别人，就很难从别人那里获得宽容。自己想要获得的东西，也要考虑到别人也有这样的渴望。

庄子的哲学很关注人的内心世界，很注重人的精神境界，很有影响力。他在《齐物论》中提出了"吾丧吾"的境界。"丧吾"就是破除自我中心的偏见，构建美好的精神家园。如果一切以自我为中心来看待事物、思考问题，而对待他人缺少换位思考，便会产生种种烦恼和争执。有的人沉溺于对功名利禄的追逐而不能自拔，结果反被这些身外之物所役使，这就是"人为物役"。

换位思考是一种逆向思维，需要积极主动的精神，体恤对方的心情，积极地分享对方的心事，往往需要生活的磨砺，经历了角色的转变。与人相处要善解人意，与人交谈要推心置腹，实际上也都是将心比心、推己及人方法的具体运用。马克思说过："你希望别人怎么对待你自己，你就怎么对待别人。"应以平和之心原谅对方，以宽容之心善待对方。正如亚当·斯密所说："为人设想多，为己着想少，压制自私，实施慈爱之念，便构成人性的完美。"

三国争霸前，"资质风流、仪容秀丽"的周瑜在袁术手下为官，做一个小县令。有一年，周瑜听说有个谋划深远、乐善好施、虑事周全的财主鲁肃，就登门去拜访："实不相瞒，小弟此次造访，是想借点粮食，以度饥荒。"鲁肃听后，哈哈大笑道："此乃区区小事，我答应你就是了。"鲁肃慷慨地送给周瑜一仓粮食。后来周瑜当上了将军，没忘朋友的帮助和感激，举荐鲁肃效力于孙权。鲁肃的大志，就是有朝一日能够协助君王平定天下。

换位思考体现了"仁者爱人"的传统美德，是培养和提高领导干部交往能力、融洽同级关系的有效途径。换位思考，是从内心深处站到对方的角度和立场，看对方在想什么、需要什么，然后在情感上与对方沟通，尽可能去满足他们的需求，把事情办得顺风顺水。要坚持把换位思考作为一种思维方式、一种精神境界、一种良好作风。当你遇到别人有意或无意的"伤害"时，不要斤斤计较，要学会与人为善，豁达大度，从对方的立场来看事情，以别人的心境来思考问题，考虑到别人的难处，认识到别人的眼界，尊重别人的自尊心。只有在思想上转换角色，才能了解对方在想什么，才能看透事物的本质，也才能作出正确的抉择，在说话、行动上采取正确的方式方法，把事情办好。

旅行家辛格和一位朋友有一次穿越喜马拉雅山脉。在与一场恶劣的暴风雪搏斗3个小时后，他们精疲力竭，又冷又饿，却不敢坐下来休息一会儿，只有靠不停走动来保持体温。忽然，他们看见雪地上躺着一个昏迷不醒的人，半个身子已被雪掩埋了。辛格蹲下来一检查，发现这个人还活着，只是被冻晕了。辛格跟朋友商量，能否带走这个同路人。朋友惊叫起来："别干傻事，辛格！我们都自身难保，带上这个累赘，都会丧命的。"说完，朋友独自一人往前走了。

朋友的话不无道理，但怎能见死不救呢？辛格犹豫片刻后，决定帮助这个半死不活的人。辛格把这个昏迷的人抱起来，放在自己背上，一步一步地往前走。走不多久，辛格已浑身发热，他的体温使背上那个冻僵的躯体温暖起来，那个人竟然活过来了，没过多久，两人便并肩前进了！他们走到另一个山口时，发现了那位独自离去的朋友，正躺在雪地上，因为太自私、只为自己着想而被冻死了。

换位思考的根本要素是"移情"，像感受自己一样去感受他人，而不是去"猜想"别人的想法及感受。移情换位是心与心的交流、沟通，从而产生共鸣性的情感效应。人们容易看到他人的缺点，忽视自己的缺点，做事遇到挫折就会从他人身上找原因，指责别人而给自己找借口，这样怎能处理好人际关系呢？每个人都不希望受到他人的苛求、刁难，既然如此，自己就不要去苛求别人。

晚清重臣曾国藩在这方面的做法可圈可点，他让自己成功，也让别人成功，让自己发达，也让别人发达。梁启超极为推崇他，左宗棠后来对他心悦诚服，毛泽东青年时代"独服"他，晚年时点赞他"厉害"。

领导干部处理问题时，更要将心比心，设身处地站在对方立场上来个换位思考。有的时候，同级不高兴，下属不满意，一个重要原因是领导者没有替对方着想。为他人设身处地想一想，从对方的角度出发，以探讨的方式提出自己的忠告；经常进行思想交流和意见沟通，使对方体谅领导的苦衷，尽量避免"树敌"，就可以缓和许多不愉快的场面，赢得对方的尊重和拥戴。

让他三尺又何妨

楚国与晋国开战，楚军有位勇士一马当先，奋勇作战五个回合，带头击退了敌人，取得了最后的胜利。楚庄王惊讶地问他："我不曾特别优待你，你为何为我出生入死？"勇士回答说："三年前，末将在宴会上酒醉失礼，大王不治我的罪，还为我掩盖过失。我只有奋勇杀敌，才能报答大王啊！"楚庄王的宽容大度，得到了应有的报偿。

宽容是一缕融化心灵冰雪的春风，是一架连接友情、亲情的金桥。齐桓公不记恨管仲的一箭之仇，任他为相并尊为仲父，终得其辅佐，使齐国首霸中原，威震天下。战国时赵国的蔺相如，以国家安危为重，不计私人恩怨，对大将廉颇宽容大度、以礼相待，终致廉颇负荆请罪，换来了"将相和"，维护了赵国的安宁。对此，东汉颍川太守寇恂有言：

"昔蔺相如不畏秦王而屈于廉颇者，为国也。"（《后汉书·邓寇列传》）

清康熙年间，大学士兼礼部尚书张英收到一封家信。信中说家人与邻人发生争执，起因是隔开两家院子的墙塌了，重新砌墙时都为多占些地皮而寸土不让，要他利用职权疏通关系，打赢官司。张英提笔写了一首打油诗："千里家书只为墙，让他三尺又何妨。万里长城今犹在，不见当年秦始皇。"家人收到书信后，非常惭愧，就主动让出了三尺空地。邻居吴家看到张家的举动后，也深受感动，主动让出三尺地，由此成就了六尺巷，也成就了一段佳话。

毛泽东主席有一次接见苏联驻华大使尤金时，特地提到了安徽省桐城市的六尺巷，大意是：六尺巷有一个人与人互相谦让的故事，两国之间的关系也应体现谦让、平等。

2024年10月17日，习近平总书记考察了六尺巷，重温张吴礼让典故，察看桐城历史文化展陈。习近平说，来这里看一看，很有感触。六尺巷承载着中国古人的历史智慧，要弘扬好中华民族传统美德，相互礼让、以和为贵，解决好民生问题，化解好社会矛盾，使我们的社会更加和谐。

雅量容人，是一种博大而深邃的胸怀，是人格的品位和质量，是人对待世界万物的气量和风度。1937年，党内一致声讨惨败而归的西路军总指挥徐向前，而毛泽东却对其大加抚慰，并力排众议予以重用。最终在1948年，徐向前率领一支由地方武装改编而成的不足6万人的队伍，一个月内歼敌10万余人，解放县城14座，创造了军事史上的一个奇迹。

人们看惯了日出日落、春秋代序，有时很难淡化恩恩怨怨。黄炎培曾给儿子写过四句话："和若春风，肃若秋霜；取象于钱，外圆内方。"就是希望儿子像古铜钱那样外圆内方——对人要宽容和善，像春风一样；对自己要严格要求，像秋霜一样。人与人的差异是客观存在的，所谓宽容，本质就是容忍人与人之间的差异。不同性格、不同特长、不同偏好的人能否凝聚在组织目标和愿景的旗帜下，靠的就是领导者的宽容。

"天燥有雨，人躁有祸。"人在愤怒的时候，容易失去理智而闯祸。心胸狭窄，会活得很累：算计别人，又怕别人算计，提心吊胆，神经紧张。忍气饶人祸自消。要忍之于口，忍之于面，忍之于心。《尚书》中说："必有忍，其乃有济；有容，德乃大。"如果把宽容给了陌路，把温柔给了别人，容人所不能容，忍人所不能忍，忘人所不能忘，才能为人所不能为。

官渡之战后，曹操缴获了袁绍的一批文书档案，其中有曹操的一些部下暗中写给袁绍的信件，内容大多是吹捧袁绍或者准备投靠袁绍的。对此，浴血奋战的将士们十分气愤，纷纷要求惩治这些通敌者。曹操说："袁绍当初那么强大，官渡之战前，我自己也担心能不能自保，何况别人呢？"于是他连看都不看这些信都是谁写的，下令把信件全部烧毁。这样一来，那些曾私通袁绍的人转而感激、忠实于曹操，旁人也觉得曹操度量大，因此产生由衷的敬意。曹操最终力挫群雄，统一了北方。

胸怀大度是一种高尚的品质，也是一种能力。胸怀大度者在宽容别人的同时，也升华了自己。韩愈《原毁》有言："古之君子，其责己也重以周，其待人也轻以约。重以周，故不怠；轻以约，故人乐为善。"对人宽容，莫以小错翻老账，勿以流言乱猜疑，"君子坦荡荡"，才能促进团队的和谐，才能管理人、使用人。有容人之心，亦即容得下不顺眼的人，听得进不顺耳的话，装得下不顺心的事。雅量容人，忘却的是别人的"坏处"，得到的是未来；郁闷维护的是自己的"错处"，失去的是未来。从古至今，凡成就大事业者，都有着宽广的胸怀。胸怀宽广之人总是淡泊名利，能以宽厚之心待人，从而产生了无形的凝聚力和感召力。

事业越大，越要雅量容人；越是雅量容人，越有利于成就事业。这是因为，只有雅量容人，才能吸引人才，形成凝聚力和向心力。雅量容人的人，乐观向上，视野开阔，相处不累；心胸狭窄的人，自负自私，猜疑心重，看事偏颇。"将相顶头堪走马，公侯肚里好撑船。"（《增广贤文》）是否具有不计前嫌的胸襟，关系到能否纳才、聚才和用才，关系到自身发展。

大家同在一片蓝天下，不愁吃穿，有缘相见，但旧的矛盾缓解了，新的矛盾又出现了。人际关系不和谐，有的是因为对对方不了解，或对方不了解你；有的是因为有偏见或误解；有的是因为看问题的角度不同；有的是因为总想当常胜将军，总爱当主角，不肯"屈尊纡贵"，不肯服软认输，不愿含笑赔礼；有的觉得委屈，抱怨不公平，苛求于人。"做个温暖的人，用加法的方式去爱人，用减法的方式去怨恨，用乘法的方式去感恩，用除法的方式去烦恼。"

与领导交往要有度

适度不仅是一个理论问题，也是一个实践问题。做任何事情都离不开适度、有分寸。"度"作为一种客观标准，犹如一把无形的大尺，随时随地衡量着人们的言行，诸如"过火""过头""过分""过激""过多""过快""过慢""过严""过宽"，都超出了应有的范围和界限。不懂得适可而止，好事就会变成坏事，无疑是临渊纵马。

孔子在《论语》中讲"过犹不及"，道出了一个重要的哲学思想。过犹不及，事缓则圆，蕴含着鲜明的生活智慧。过头，不及，都不好。

凡事过度追求完美，往往会让人忽略内在的问题、潜在的危机，也容易令人陷入紧张、焦虑的状态，从而影响工作情绪。上下级之间的关系是很微妙的，交往次数过少或过多，间隔的时间过长或过短，都会影响双方关系的正常化。

亲密并非无间，美好需要距离。孔子的学生子游说："事君数，斯辱矣；朋友数，斯疏矣。"(《论语·里仁篇》)如果你有事没事总是跟在国君(领导)旁边表示亲近，离自己招致羞辱就不远了；你有事没事总是跟在朋友旁边，表示亲密，往往是疏远的开始。

距离产生魅力，提高威信，是一个相对真理。人们都希望自己能和上司走近一点，但又不想看到别人也走近或者比自己走得更近。法国前总统戴高乐有句座右铭："保持一定的距离。"他的秘书处、办公厅、参谋部及智囊团的人员，工作年限都不超过两年，使相互之间保持一定距离，进而确保顾问与参谋的思维、决断具有新鲜感，充满朝气，杜绝顾问与参谋利用总统与政府的名义来徇私舞弊。

交往保持适当距离，不偏不倚、不远不近、不亲不疏，不给人留下厚此薄彼的印象。领导干部与下属之间保持距离，给下属一个庄重的面孔，可以减少下属对自己的恭维、奉承、送礼、行贿等行为，可以树立并维护领导的权威。孔子说过："临之以庄，则敬。"领导者不要和下属过分亲近，不盲目建立超乎工作的友谊，要与他们保持一定的距离，使自己处在一种灵活机动的位置上，才可以获得他们的尊敬。

新中国成立后，毛泽东在与党内同志交往时，坚持从团结的愿望出发，既讲团结又坚持原则，从不与任何高级领导干部有过密交往，而且要求与自己交往的对象也做有原则性的人。毛泽东的卫士长李银桥说："党内同志交往，除非久别重逢，毛泽东很少表现出亲热，基本是威严而不拘礼节的。不掩饰好恶，不曲折违心，言简意赅，直截了当。对党内同志，毛泽东不搞迎送客之类的礼节。"对于较长时间没有见过的老同志，毛泽东会起身迎送握手，但是决不迈出门槛，除非客人来时他本来是站在屋子外，否则是不出屋的。"毛泽东似乎有意约束自己，不要同某一个或几个重要的党政军负责人发展起超出同志和战友关系的私人情谊。同志关系就是同志关系，尽量避免在同志关系上夹杂过于浓厚的个人感情。比如同周恩来……我在毛泽东身边十五年，没听他对周恩来说过一句超出同志关系的私人感情的话。"而对于民主党派和民主人士，毛泽东则是广交朋友，坚持"荣辱与共，肝胆相照"。毛泽东始终坚持政治原则，不拿原则做交易，保证了全党的团结和统一。

如果领导干部与某些下属过分亲近，当下属犯错误时，就容易有所顾忌。与某些下属表露太多的情感，势必在下属之间引起嫉妒的情绪，人为地造成不安定的因素。与某些下属过分亲近，就拉不下脸来对其进行惩罚，下属也会对上级采取感情攻势，以逃脱责任。距离凝聚了力量，升华了拥戴。等距外交可以使领导干部避免陷入帮派争斗，免受其害，活得不累，并保持适当的灵活性。

明智的领导应该能够通过上司的为人，明确自己应该与上司保持的距离。对为人正直的上司，可以走得近些，但也不能过近，要寻找到恰当的距离平衡点。对品德不佳的上司，应该走得远些，但也不能过远。无论上级是什么类型的人，最好不要与之走得过近，话不宜说得太多，最好是不远不近。如无必要，尽量少单独在一起，比如吃饭、上下班，或去休闲场所。少与上司开玩笑，太频繁只会让别人以为你们具有亲密关系。这样一来，容易引起别人的误会。注意细节，不要在上司的办公室一谈就是半天。

因此，处理与上司的关系，不可不及，也不可过分，切忌殷勤过分、交往频率过度，应当保持在一个有利于工作、有利于团结的正常关系的限度内。只有把握适度，调整得当，才能够使双方关系健康发展。要按权限和程序汇报请示工作。属于谁管就找谁，不要动不动就绕开具体负责同志，去找"一把手"。殊不知这样往往引起直接上级和具体负责同志的不满，有时使你的事情更不易办成。

以个人角度与上司交往，在工作之外的场合中居多，感情色彩较浓。通常是与上司一起参加一些社交活动，沟通思想，增进友谊，密切上下级之间的关系。但是，应适可而止，不宜"得寸进尺"，把自己与上司之间的关系搞得很"铁"，当面称兄道弟，这样的交往是不健康的，甚至是危险的。

应维护领导的权威和威严，但也要适度。积极维护上司的人，常常会得到青睐和偏爱，关系会更近一些。一旦做得过头了、过分了，就会带来不良后果。有的领导干部把上下级交往等同于商品交换，你投之以桃，我报之以李，染上了铜臭味、市侩气；有的把纯洁的同志情谊等同于江湖义气，整天拉拉扯扯、称兄道弟，把"圈子文化"推到极致，热衷于搞亲亲疏疏、团团伙伙，有一种莫名的优越感。对待身边领导，应保持等距离交往，不偏不倚、不亲不疏，不给别人留下厚此薄彼的印象。

互称"同志"，对领导干部来说，就是要增强党内同志间的平等意识，规范权力的运行。党的十八届六中全会就严肃党内政治生活、纯洁党内同志关系亮明了态度，画出了红线："党内不准搞拉拉扯扯、吹吹拍拍、阿谀奉承""不准在党内搞小山头、小圈子、小团伙""任何人都不准把党的干部当作私有财产，党内不准搞人身依附关系"……每个党员尤其是领导干部都不可当耳旁风，必须认真遵守。

保持距离靠一定的原则来维持，这种原则对所有的人都一视同仁，既可以约束管理者自己，也可以约束下属。与领导走得太近，不是什么荣耀的事，会让上司对你产生轻视，你逐渐会被同事们边缘化。自谦而不自卑，既不骄人自得，又不卑曲讨好，大大方方地展现自己良好的形象，既不被上司忽视，又不被同事反感。

下属与领导谈话时，要注意在谈话的范围、态度上有一定的分寸，不能太随便。谈话不投入、不积极，可能惹得领导不高兴；谈得太投入、太积极，与领导某些心理定式冲突起来，也会引起领导的反感。《机关正能量——机关纪律与规矩》一书认为，首先，要注意谈话的政治性。不要涉及领导的人际关系、保密事务，不能与领导所要执行的政策、方针产生冲突。其次，要注意谈话的从属性。谈话时要时刻明白自己的身份，夸夸其谈，对领导指手画脚，就可能触怒领导。再次，要注意谈话的事务性。正规的谈话只能说公事，不要东拉西扯，不要把宴会厅里讲的东西也一股脑搬到办公室来。公务谈话不能扯得太远。最后，还要正确对待谈话的被动性。下属与领导谈话，总是处于被动的地位，你的谈话可能引不起领导的兴趣，有时领导可能会中止谈话，或者另找话题，这也是极为自然的。为此，部属必须仔细考虑，精心计划，留有后路。在谈话中主体意识太强，总是要求领导围绕你的话题转，对领导的插话、中断话题、转移话题表现出明显不满，都是不合适的。

领导与被领导的关系挺好，办事也要讲究分寸。作为下一级领导和工作人员，切不可忘乎所以。要有"领导意识"：你与领导的关系，就是领导与被领导的关系，不是"哥们儿""兄弟"的关系。无论是单独交往，还是在公开场合，都要规规矩矩，即使有时领导与你开个玩笑，你也要庄谐适度、彬彬有礼，不说过头话。领导交办的事情，要认真、严谨、细致地完成。要体谅领导的难处，切莫给领导出难题，也不要因自己的琐碎私事去麻烦领导，更不能打着领导的旗号办私事。

以德交友情怀美

《红楼梦》里有句经典的话："世事洞明皆学问，人情练达即文章。"具体到交友，这同样也是一门学问。交友需要有情有义，情真意切。好朋友之间，可以交流感情、沟通信息，得到情感的慰藉，可以互相砥砺、互相帮助。领导干部与什么人交友、怎样交友，反映出其内心深处的思想感情。《论语·季氏》中提出交友三条标准："友直，友谅，友多闻。"友直，交友须推心置腹，坦诚相见，直言规劝；友谅，彼此互相体谅，互相关爱；友多闻，见多识广，堪为师长。

纵观毛泽东一生，其交友是多方面的、丰富的、健康向上的，既有原则性又有人情味，重情重义，展现了大国领袖宽广的胸襟以及高超的统战艺术，也让我们看到了伟人真诚无私的一面。毛泽东在湖南一师求学期间，遇汨罗学子吴竹圃勤奋好学、学冠群辈，便"视为畏友而深交之"。畏友，当属"多闻"者。有这样品位高、感情深的朋友，可以交流感情、沟通思想、切磋学问、修养品德、增长才干，就如鱼得水，拥有了精神财富，能使人生的色彩丰富浓郁，感到惬意、畅快、欣慰和自豪。据《知音新周报》载，对于私人交谊，毛泽东是很讲"朋友义气"的，对一些民主人士是很尊重的。

交朋友的目的是通过与朋友沟通思想、交流感情，向朋友学习，提高品德修养、提升精神境界。习近平总书记和"草根作家"贾大山的"神交"，情真意切、感人至深。习近平离开正定多年，始终不忘贾大山，常常给他写信、寄贺卡，回正定时一定去见他。在茫茫人海中，能相识、相聚、相知、相处，实在是一种缘分。问候平常却温暖，友谊无形却珍贵，惦记无声却甘甜。珍贵的友谊总是一点一滴凝聚起来的，它包含了许多欢笑、温馨和浪漫，有着许多美好的回忆。于立志有一首《七律·赠友》：

> 俊才儒雅苦寒窗，妙句藻词收锦囊。
>
> 立意高巅诗入味，炼择平仄韵含香。
>
> 惟兴吟志融佳境，常喜缀思冶彩章。
>
> 典故拈来呈理趣，文心倜傥美名彰。

交友需用真诚去播种，用热情去灌溉，用原则去培养，用谅解去护理，互相理解和包容彼此的缺点。一位作者与好友相处20余年，曾赋诗一首："赠人玫瑰自芬芳，俊雅儒风音绕梁。魂系故园知道义，心迷文史著宏章。常学疏影铮铮骨，尤羡琼枝淡淡香。廊庙胸怀多倜傥，依然秉性爱荷裳。"人之相知，贵在知心。君子之交，平淡而清纯，不管你是否富有，是否掌权，依然做"简单"的人，宁可傻傻的，也不假假的，不要心计，不互相算计，不勾心斗角，不互相吹捧，心心相印；抛开了尊卑、贵贱、权力、金钱等羁绊，重在思想志向的一致和人格上的平等。从容而不急趋，自如而不窘迫，审慎而不犹躁，恬淡而不低俗，于身心大有裨益。当你遇到困难时，他会鼎力相助；当你可能犯错误时，他会劝你悬崖勒马。

当年彭德怀"落魄"京郊吴家花园，门庭冷落车马稀。朱德却造访，按照老习惯把棋局摆上，与他下一盘棋，在默默无言中延续着几十年革命生涯结下的深厚友谊，成为一段佳话。交友需要一颗"清纯"的心，宽厚、和气、大度。有道是："金钱容易得，知己却难求。"不要因为自己的一时疏忽，让好友变成陌生人。

朋友的友情蕴含着温柔，温柔也是友情的品格。这种温柔，犹如春风拂面，让人倍感温馨。每当重要节日来临时，和朋友互发短信祝福，带来的是温柔和愉悦："愿花儿开满你生活的旅途，愿阳光洒满你前进的道路，愿我最真诚的祝福带给你无尽喜悦……""铃声、歌声、信息声，声声祝福；喜事、乐事、开心事，事事顺心。"

庄子有句话很经典，已成为现代人的交友箴言："且君子之交淡若水，小人之交甘若醴；君子淡以亲，小人甘以绝。"君子之间的友谊，淡得像清水一样，没有求名谋利、互相利用的目的，既可以避免势尽人疏、利尽人散的结局，同时也在平淡中见真情。小人与小人交朋友一般都存获利之心、利用之意，于是免不了甜言蜜语、拉拢吹捧，交情似乎又浓又稠，像甜酒一样。君子交情虽淡，但长久亲切；小人交情虽甜，却易断绝。因此，古人告诫说："受恩深处宜先退，得意浓时便可休。"（《增广贤文》）

在彼此生命里，朋友之间有着心灵的盟约，一方让另一方感到舒心、暖心、放心，可以把一个完整、真实的自己，安心交给对方。世间没有两片完全相同的树叶，也不存在情感完全相投、爱好完全相同的两个人。对待朋友不要苛求，要求同存异。朋友间难免会有各种矛盾、分歧和误会，只要不是原则问题，就应该一笑了之，求大同，存小异。能在生活和事业中相知、相处、相助多年的朋友，是不容易的，值得珍惜。牙买加有则谚语："腰缠万金，不如有个以命相许的朋友。"英国哲学家培根有句妙语："在智慧提供给整个人生的一切幸福之中，是以获得友谊为最重要的。"

人生是船，友谊是帆。真正的朋友能时常激励你、让你看到自己的优点，提醒你看到自己的不足。真正的朋友在必要的场合维护你，在别人面前赞扬你，在关键时刻举荐你。真正的朋友有好消息总是在第一时间告诉你，与你分享。真正的友情不仅在于能够虚心听取朋友的批评意见，还在于建立的基础是健康、积极的，在于对友谊的珍惜和维护。朋友之间要互相信任。你以诚待人，掏出自己的真心来，别人才会以同样的态度对待你。

有些"朋友"千方百计和你交往的目的，就是瞄着你手中的权力而来的，是为了谋取非法利益。 有的干部与不法商贩称兄道弟，一旦收受他的贿赂，得到"朋友"的好处，就会受制于人——被人牵着鼻子走，连自己的身份、人格都不顾，就难以使人尊重，离违纪违法就不远了。湖南省娄底某公司原党委书记、董事长谢某某为了实现自己的"发财致富梦"，顺朋友之便念"入股"经，借老乡之名念"生意"经，假下属之手念"回扣"经，趁过年之机念"红包"经，最终走上了高墙铁窗的不归之路。

一些人交友不慎，沉湎于吃吃喝喝，热衷于打牌赌博，一步步酿成终生恨事。 有的领导干部还没有摒弃庸俗之气、市侩之气，还没有净化自己的"生活圈""社交圈"，哥们儿义气超过了党的原则，靠不法商人，最终吃了大亏。

人情之中有原则，交往当中有政治。在生活圈、朋友圈中，处人要得当，不要搞庸俗的吹吹拍拍、吃吃喝喝。有些别有用心的人喜欢搞"感情投资"，想方设法来接近、拉拢领导干部，这时应保持高度警觉，手中权力不容掺杂半点"友情""人情"，不要因为是亲友就可以"随便"一些。吃了人家的，拿了人家的，就无法坚持原则、保持尊严。领导干部在交往问题上放松警惕，心中无数，交往无度，朋友圈就可能蜕变为"包围圈"，最终酿成人生大错。

特别要警惕那些送钱送物时把胸脯拍得很响的"朋友""哥们儿"。 "朽木不可为柱，坏人不可为伍。"在温情脉脉的面纱后，在温良谦卑的言辞间，隐藏着他们叵测的目的。他们一切从极端功利的目的出发，今天你有钱有势，他们就是你最忠实的朋友，维护你、巴结你、利用你；明天你没钱没势，他们就是你的陌路人，远离你、忘记你、抛弃你。当他们引诱你做违法违纪的事后，你就成了他们的"鱼肉"，只能任其摆布，结果会受到坑害。

因此，一定要把握交友的原则和分寸，摆脱低级趣味，净化自己的社交圈。长久的交往，靠的是真诚和爱心，靠的是情感的交流和心心相印，而绝不是重利轻义。那些趋炎附势、见利忘义之人，唯势是用、唯利是图，表现出对权势的巴结和对财利的追逐。他们给你送钱是有企图的，是"黄鼠狼给鸡拜年——没安好心"，是妄图利用你的权力捞取更大的好处。势利者鼠目寸光、见利忘义，甚至连做人的尊严都可以抛弃，他们总是在追逐着权势，而一旦你的权势丧失，他就会转投他人。

某区法院原院长，因犯受贿罪被判处有期徒刑18年。他在反省材料中写道："家中经常是高朋满座，宾客如云。我自然知道他们与我结交是项庄舞剑，意在沛公。他们瞄准的是我手中的权，我瞄准的是他们口袋里的钱。自己丧失原则，滥用权力，走上了犯罪道路。"

结交什么样的朋友，从中会折射出一个人的政治品格和道德素养。交友保持距离，不仅仅是个人的私事，更是政治生活中的一个重要原则。有的领导干部与部属交往失度失控，不讲原则，不讲是非，热衷于交得"铁"，大搞"哥们儿义气"，结果形成"小圈子""小宗派"，甚至权钱交易、权色交易，作出蠢事来，落得可悲的下场。一些别有用心的人利用交友渠道而设下"陷阱"的事例比比皆是，因交友不慎而沦为违纪违法的人亦屡见不鲜。因此，领导干部交友，不是个人交际范畴的小事，必须谨慎对待，切不可丧失政治警觉，无原则地滥交朋友，要从政治的高度去审视，切实把握好交友距离。

所谓距离有两种：一是心理距离，即在内心保持这种意识，不要把内心的一切无所顾忌地都告诉人家；另一种是实际接触距离，由接触的远近、频次来表现。离得太近、接触太频繁，都是实际接触距离不当。等距外交，就是不偏不倚、不亲不疏，不盲目建立超乎工作的友谊，使自己保持在一种灵活机动的位置上。等距外交可以使你避免陷入帮派争斗，免受其害，保持灵活性。你可以根据自己的目标要求随时调整自己与他人的交际距离。若即若离，似亲似疏，保持一定距离的交往，会使人与人之间彼此尊重，增进友谊，会使人际关系正常发展。

异性之间交友，包括"蓝颜知己"，也要保持距离。现代社会，有异性朋友或知己，是一件正常的事情，但要把握好距离，有自控能力，如果过于亲密，就会成为感情和心理的负担。当发现友情向爱情方面延伸时，不要迷失自我，需理智地"快刀斩乱麻"，将不健康的因素扼杀在萌芽之中。

磨砺情商：一生的功课

美国"石油大王"洛克菲勒说："如果与人交往的能力，就如同糖和咖啡一样也是可以购买的话，为了得到那种能力，我愿意付出更多的酬劳。因为，和世界上其他的东西相比，它所带来的价值是不可预估的。"情商低，不懂人情世故，会使你做不好任何事情。情商的高低关系到事业的成败，甚至会决定人生的命运。

2013年5月14日，习近平总书记到天津考察工作。在和高校毕业生、失业人员等座谈时，他问"村官"杨代显："情商重要还是智商重要？"杨代显回答："都重要。"习近平总书记亲切地说："做实际工作情商很重要，更多需要的是做群众工作和解决问题的能力，也就是适应社会能力。老话说，万贯家财不如薄技在身，情商当然要与专业知识和技能结合。"许多领导干部评论说，"做实际工作情商很重要"的论断，贴近实际，尤为实用。这番话对各级领导干部也具有指导意义。

情商（EQ）是相对于智商（IQ）提出的概念，是一个人在情绪、情感、意志、耐受挫折等方面的品质以及感知和管理他人情绪的能力。 情商的高低对一个人能否取得成功有着重大的影响作用，其作用甚至超过智力水平。情商高的人，能说服那些原本反对自己的人。情商低的人，帮了别人还讨嫌。清华大学教授吴维库指出，情商的核心内容就是知道别人的情绪、知道自己的情绪，能够尊重别人的情绪、调控自己的情绪。

从一定意义上讲，情商的高低关系到事业的成败。智商再高，情商不高，不一定能成功，不一定能持续地成功；智商不太高，但情商较高，成功概率较大。被誉为"情商之父"的哈佛大学心理学教授丹尼尔·戈尔曼有个著名的研究结论：一个人的成功，智商的作用只占20%，其余80%则取决于情商。如果用公式体现可以描述为：100%的成功=80%（EQ）+20%（IQ）。

有的领导干部说话和做事时，没有处理好人际关系；一旦遇到挫折或达不到预期的目标，不能作出恰当和正确的反应，产生受挫心理，导致行为失控。有的领导干部在竞争的环境中，情绪抑郁、多愁善感，对外界的褒贬评价过度敏感；在悠闲轻松的环境中，又会感到无所事事、精神空虚，意志消沉，郁郁寡欢，爱抱怨，为失败找借口，推卸责任；遭遇挫折和打击，往往沉不住气，心情沮丧、情绪低落、悲观失望，难以处理好各种关系。

情商是一种能力、一种创造，又是一种技巧，有规律可循。因此，

领导干部必须提高情商，努力修炼交往中的从容淡定，营造有利于生存的宽松环境，创造充分发挥自己才能的空间。要修炼自我认知能力，"吾日三省吾身"，调整自己；打造提升自知的大环境，努力完善情商。正如荀子所云："故木受绳则直，金就砺则利，君子博学而日参省乎己，则知明而行无过矣。"老子曾说："知人者智，自知者明。"自知就是能准确地识别、评价自己和他人的情绪情感，能及时察觉自己的情绪变化，能归结情绪产生的原因。心理学研究表明，如果因为错误的评价自己，而使自己的潜能得不到充分发挥，埋没了自己，就会处于自卑感和失败感控制之下，长此以往，就会变得胆小、退缩，形成消极的情绪，最终导致心理疾病。所以，一个具有健康情绪的人，必须学会正确自我认知。

要修炼自我控制能力。调节、引导自己的不良情绪，自我管理、自我疏导、自我约束，积极应对危机，增进实现目标的情绪力量。高情商的人会让好情绪伴随每一天：不抱怨、不埋怨，不指责别人，对生活、工作和感情保持热情、有激情；看到别人优点，能够发自内心地赞美；善于沟通与交流，且坦诚对待，真诚有礼貌；善于聆听，仔细听别人说什么，多听多看；做人做事不斤斤计较，有一颗包容和宽容的心；敢做敢承担，不推卸责任，遇到问题，分析问题，解决问题；记住别人的名字，你会有越来越多的朋友。

情商左右了人们的决定和行为。"大喜易失言，大怒易失礼，大惊易失态，大乐易失察，大惧易失节，大醉易失德，大话易失信，大欲易失命。"少数智商高、能力强的领导干部，常常因为缺乏足够的情商而难以取得较大的成功，或者因为不善于认知他人情绪和管理自身情绪而导致人际关系紧张，或者由于骄傲自满、目空一切而栽跟头，或者由于灰心丧气而"破罐子破摔"。

领导干部必须把握好、调节好自身情绪，不因情绪失控而影响自己的形象，莫因情绪不稳而给组织带来损失。能够坦然、勇敢、自信地面对并以强大的意志力去克服时艰，泰然自若地面对各种矛盾、倾轧和刁难，减少摩擦，化解冲突，像磁铁一样把有缺点和素质不高的人引到身边，一步步实现预期目标。要把握好情绪，注意自身形象和影响；可将"制怒""镇定"等条幅置于案头或悬挂在墙上。在余怒未消时，看看电影、听听音乐、散步、下棋，让紧张情绪即刻松弛下来。当火气迅速上涌时，要有意识地转移话题或做点事情来分散注意力，使情绪得到有效缓解。可以默诵或轻声自我警告"保持冷静""不允许发火"。面对不同的人、事和环境，要注意自己的情绪状态是否适宜，与人相宜、与事相宜、与时相宜、与环境相宜。

要经常调整心态，多一些理智，少一些浮躁，多一些冷静，少一些冲动，摆脱焦虑、忧郁。及时控制刺激情绪的根源，不让思绪陷入负面情绪的泥潭，保持从容淡定。心中若有不愉快的事情及委屈的情绪，要在适当的地点、场合，向朋友、亲人倾吐、宣泄出去。

王阳明一生历经坎坷，遭廷杖、下诏狱、贬龙场、功高被诬谋反，可谓百死千难。龙场驿站被漫山的荆棘包围，在这里等待着王阳明的是肆虐的瘴疠、随处出没的野兽和毒蛇，跟他去的随从都相继病倒。"我来龙场两年，也被瘴毒侵害，却安然无恙，这是因为我保持了积极乐观的情绪，没有像其他人一样悲悲切切、抑郁哀愁。"面对龙场极为恶劣的生存条件，随从们有"但恐霜雪凝，云深衣絮薄"之忧，而王阳明的心态却恬淡平静，因为他追求的是圣人气象，以住在简陋草庵的尧舜为榜样，像他们一样讲究礼仪，喜爱音乐。在王阳明看来，保持快乐不是一种天赋，而是一种通过智慧和修行就可以获得的能力。

豁达大度，心底无私，是一种精神上的成熟、心灵上的丰盈。宽容是以广阔的胸襟容纳各种智慧。宽容犹如和煦的春风，吹开我们心中的愁结；宽容犹如冬日正午的阳光，常常令冰冻的心墙渐渐融化。李白在《与韩荆州书》中说："人非尧舜，谁能尽善？"因而不要一叶障目，须宽容地去看世间万物。常向远处看，怀着宽容心，人生到处是夏花秋果；只是低头看自己的脚下的人，会常怀不平之心，人生会处处荆棘挡路。由此观之，宽容大度是人的一种美德，是处世的重要原则，是成就事业的重要基础。宋代哲学家张载说："察天行以自强，察地势以厚德。"一个人私欲膨胀，心胸就容易狭隘，事事工于心计，不但不会取得真正的成功，而且不会体验到属于自己的满足和快乐。领导干部通过自己的宽容、大度、无私、风趣幽默、快乐笑脸，让他人感到惬意、开心，彼此心灵相通。

静气是内心和谐的胸怀气度，是修身养性的精神追求，对领导干部尤为重要。人们对"空城计"耳熟能详，此乃孔明"每临大事有静气"的范例。马谡失街亭后，司马懿兵临城下，十分危急，诸葛亮留下一座空城，静态观变幻，静气思良策，一个人在城楼上悠闲地喝酒弹琴，琴声时而舒缓时而激越，静气中蕴含着铮铮威力，吓退了司马懿的15万大军。

"宠辱不惊，看庭前花开花落；去留无意，望天上云卷云舒"，表现了一种淡定从容的气度。平时应把静气当成一种情操去修炼、一种品质去磨砺、一种境界去追求。历史上的淝水之战，东晋的兵力不足十万，却要抵御前秦百万之师。东晋之所以取得以少胜多的大捷，一个重要原因是主帅谢安有匡扶社稷之才，沉着镇定，冷静思考，拥有"泰山崩于前而色不变，麋鹿兴于左而目不瞬"的气度。

毛泽东在长征途中，面对万千敌军的围追堵截，泰然处之，一次次带领红军化解危机，创造出夺占娄山关、四渡赤水等一系列辉煌战绩，在危急关头力挽狂澜于既倒。毛泽东1956年6月在《水调歌头·游泳》中写道："不管风吹浪打，胜似闲庭信步。"我们从这首词中可明晰地体悟出一代伟人毛泽东在面对变化时所展现出的从容的大将风度，正所谓"大将风度均从容"。

要学会控制感情的冲动，而不是屈从于它，才有可能得到心灵上的安宁。有时遇到同事或下属的冒犯行为，应先进行自我情绪平复，使自己迅速回归理智，保持对同事或下属不当言行的全面、理性解读，避免为主观情绪所干扰而纠结，陷入主观臆断的陷阱。"经多实践心方静，看破浮名意自平。"在缤纷变幻、事情复杂的环境中，应善养静气。当事业受挫或失败时，不埋怨，不沮丧，不迁怒于他人，从容淡定，理智行事，保持乐观，潇洒自如，自强不息，赢得卓越的人生。

提升说话能力

语言是个神奇的东西。"一言之辩，重于九鼎之宝；三寸之舌，强于百万之师。"历史上，晏子使楚，不卑不亢，有礼有节，用语委婉，名扬天下；苏秦善辩，游说诸侯，六国达成合纵联盟，是了不起的纵横家；诸葛亮舌战群儒，英才过管乐，妙策胜孙吴，刘皇叔三分天下有其一。这些都是一言兴邦的典范。

明朝的茹太素，在刑部当主事时，应诏上书陈述时务，洋洋1.7万余字。明太祖朱元璋听到6000多字时，还不知道他想说什么，于是大怒，当众用木杖打了他一顿屁股。后来，朱元璋让人制定了奏对格式，要求戒除那些冗长无用的文字，实话实说。

朱自清有言："说话并不是一件容易事。天天说话，不见得就会说话；许多人说了一辈子话，没有说好过几句话。"有的领导干部，面对一群满怀期待的听众讲话时，有的磕磕绊绊、语无伦次；有的无法唤起众人的激情和力量；面对媒体镜头时不知道怎样张口才能说得恰当。从中反映出来的，就是语言表达能力、沟通能力不强。有的干部讲起话来照本宣科、千篇一律，拿着稿子一念到底，离开稿子就讲不好了，举不出生动、典型的事例，缺少随机应变的本事，缺少调查研究的功夫，于是讲起话来只能说一些官话、套话、虚话。

会说话是领导干部做好工作的基本功，因此要重视说话，提升说话能力。周恩来多次在外交场合，以他那高雅潇洒的气质、和蔼可亲的魅力、不卑不亢的风度、语言分寸的掌握、击中"要害"的技巧，赢得了世人的赞誉。应关注讲话水平高的领导，他们怎样出题、怎样开局、怎样阐发思想、怎样结尾、怎样运用肢体语言，事后好好分析，从中得到启示。

邓小平的讲话总能"立片言而居要"，就如他平易质朴的性格一样，给人们留下深刻的印象，如"学马列要精，要管用""坚持两手抓，两手都要硬""基本路线要管一百年"等。毛泽东同志曾说："看小平同志写的东西，好像吃冰糖葫芦。"

邓小平晚年，女儿毛毛采访他："长征时你都干了些什么工作？"邓小平回答："跟着走。""在太行山时期都做了些什么事？"邓小平回答："吃苦。"1973年2月，邓小平从江西下放地回到北京。毛泽东第一次召见他时，开口就问："你在江西这么多年做什么？"邓小平只用两个字回答："等待。"加拿大总理特鲁多问他三落三起却终能重返政坛的秘诀是什么，他的回答是："忍耐。"谈精简军队的问题，他用"肿、散、骄、奢、惰"五个字就做了精辟的概括。邓小平经常用自己起草1975年四届人大5000字的政府工作报告的经历，告诫领导同志用语要简洁。

比喻是利用事物之间的相似点，用较形象、具体、容易理解的事物来描绘所要表现的事物的一种修辞方法。巧妙运用比喻，能给语言涂上一层绚丽的色彩，增加说话和在会议上的讲话时的形象性、生动性和感染力，让语言更精彩。列宁在向苏联广大工农群众演讲时，就把资本主义比作一具已经死亡但还在腐烂发臭的尸体。这个比喻既尖锐深刻又容易使人记住。

毛泽东是党内外公认的语言大师，他的文章和讲话中，比喻、拟人、排比处处可见，名言、俗话、故事比比皆是，旁征博引，形象生动，诙谐幽默，妙语连珠，一语胜千言，给人留下深刻的印象，如"夺取全国胜利，这只是万里长征走完了第一步""妇女能顶半边天"等。毛泽东在抗大的一次讲话中，从唐僧的坚定、八戒的吃苦、孙悟空的灵活中概括出八路军、新四军的"三大作风"；在党的七大的讲话中，运用"愚公移山"的典故，激励全党有恒心、有毅力地"挖山不止"。这样的话，蕴含理趣、情趣，把理说"透"了，把理讲"活"了，使人感到亲切，回味无穷。

1941年5月19日，毛泽东在延安高级干部会议上作了题为《改造我们的学习》的报告。在揭露了广泛存在于党内的伪装马克思列宁主义的小资产阶级思想作风的种种表现后，毛泽东说："有一副对子，是替这种人画像的。那对子说：墙上芦苇，头重脚轻根底浅；山间竹笋，嘴尖皮厚腹中空。对于没有科学态度的人，对于只知背诵马克思、恩格斯、列宁、斯大林著作中的若干词句的人，对于徒有虚名并无实学的人，你们看，像不像？如果有人真正想诊治自己的毛病的话，我劝他把这副对子记下来；或者再勇敢一点，把它贴在自己房子里的墙壁上。"

毛泽东用"头重脚轻根底浅"的"墙上芦苇"和"嘴尖皮厚腹中空"的"山间竹笋"来形容那些"无实事求是之意，有哗众取宠之心；

华而不实、脆而不坚"的思想作风，多么有想象力、多么幽默风趣、多么形象生动啊！正如郭沫若所言："听了毛主席的讲话，好像热天吃了冰激凌，又好像疲倦后喝了一杯热茶。"

说话是领导干部叙述客观情况、思想观点、学识理念的直接体现。在工作中说服他人，激励和引导下属和基层同志，直接体现领导干部的思维能力、组织能力、调研能力等综合素质。因此，掌握说话的技巧，是每一位领导干部必备的技能。习近平总书记在担任浙江省委书记时，曾就一些干部不会说话而批评道，他们"与新社会群体说话，说不上去；与困难群众说话，说不下去；与青年学生说话，说不进去；与老同志说话，给顶了回去"。领导干部要有效地开展领导活动，促进工作的深入开展，必须善于表达思想、交流感情、传播信息。这就要求领导者掌握语言表达的规律和技巧，努力做到善说会讲。

说话要注意环境。与人谈话，应语出真诚，亲切自然。如果说成功有诀窍的话，那就是能理解他人的处境，从自己和别人的角度看待事物的能力。一些领导同志开会讲话、与人谈话，喜欢讲大道理、说漂亮话，空喊政治口号，堆砌政治术语，如同"懒婆娘的裹脚布"，脱离实际，空发议论，时间占用多，问题解决少。

在国内和国外，求短、求实、求新，是习近平说话、作文的风格，总能用朴实的话语一语中的，讲符合实际的话，讲管用的话，讲反映自己判断的话。习近平总书记主政以来，讲了不少生动、精练的话，如"撸起袖子加油干""钉钉子""绿水青山就是金山银山"等，比那些空洞枯燥的说教、言之无物的套话高明得多，听起来实实在在、言简意赅，听之入耳、悟之入心。习近平总书记在党的十九大报告中所用的语言深入浅出："中华民族伟大复兴，绝不是轻轻松松、敲锣打鼓就能实现的。""人民群众反对什么、痛恨什么，我们就要坚决防范和纠正什么。"

要多读书、读好书，坚持不懈地开阔视野，丰富知识储备，提升表达能力。 博览群书，拓宽知识面，这样才能言之有物，讲话就有底气、见功底、有吸引力。加强文学修养，让你的语言优美而富有感染力。要通过运用比喻、类比、联想、借代、谐音等方式，将内心的感受和深刻的意义委婉地表达出来，同时给人一种新鲜、明快的感受，增强语言的启发力和感染力。

讲话要引人入胜，运用排比最能提升语言气势，可以让话语整齐明朗，富有节奏感，让听众感受到一种气势如虹的强大力量和震撼力，使气势强劲，情感得到升华，形成强烈的表达效果。讲话要言之有物、鲜活生动、激情澎湃、有人情味、有幽默感，应尽量多用群众语言，使语言表达多样化。

领导干部讲话，应当言之有物，避免太多空话与高调。 喜欢讲套话、讲空话的人，喜欢开长会、讲长话的人，大都不受群众欢迎。把话讲得简明扼要，就不容易被误解，而且容易记住。应当努力具备这样的本领：从纷乱的信息中选取最有价值的内容，从繁复的意见中理出清晰的思路，继而用言简意赅的语言阐明自己的主张。

提升说话能力，要尊重对方，要设身处地为别人着想。要掌握分寸，避免任何可能伤害别人的成分。即使对方确有缺点也不可抓住不放，喋喋不休，礼貌的做法是委婉提醒，适可而止。总之，不论谈话内容如何，你对别人尊敬，富有感情，就能打动听者的心，使之产生听的欲望。

必须多下功夫掌握语言表达艺术，"到什么山上唱什么歌"。 做群众工作，就要说群众的语言，把话说到群众的心坎上去。不能端着架子，说一些不着边际的话。要多到群众中去，多掌握第一手资料，多了解鲜活的素材，掌握生动活泼的群众语言，多讲些贴近基层、贴近群众的"大实话"，让话语有"泥土味"，接地气、带露珠，鲜活有趣，让人记得住、印象深，感觉解渴。

如果说观点是讲话的生命和灵魂，那么讲话有新观点就成功了一半。领导干部要善于讲新话。新话来自于对新形势、新情况的及时分析、把握和洞察，抓得住时代脉搏，跟得上发展潮流，来自于对新理论、新政策的不断学习和领会，来自于新思考、新总结、新办法。只有勤学勤思、理性思考，在理论与实践的结合中，在上级工作部署与本地实际的结合中发现新问题，提炼新观点，拿出自己的独特见解、说出自己的话，才会新意迭出，启人心智，使人受益。

运用谐音词，除了可以使语言变得生动有趣外，还可以使语言含蓄委婉，意在言外。同样一个意思，说得好使人高兴，说得差惹人烦恼。管理学大师沃伦·本尼斯说过："领导者与常人的区别在于，领导者能够把握说话的技巧，清楚明白地表达人类共同的梦想。"领导干部在工作中要说服他人，激励下属和员工，必须掌握语言的表达技巧，以激发对方的兴趣，调动对方的情绪，点燃对方的热情。

婉谏艺术撷要

春秋末年，赵简子起兵攻打齐国，下令：谁敢反对，就判谁死罪。有个名叫公卢的人，看着赵简子哈哈大笑。赵简子说："你笑什么？"公卢说："我遇到了一件很好笑的事情。"赵简子生气地说："你如果能够解释清楚就可以免去死罪，否则将被处死。"

公卢从容地说："在一个采桑的季节，我的邻居和他的妻子一起去采桑。他见桑林有个女子长得漂亮，便去追求，结果没有追求到。回来时，他的妻子已愤怒地离开他走了，臣笑这人太任性了。"

赵简子说："你的意思是，我攻打齐国，却可能失去自己的国家，这正是由于我太任性。"于是罢师而归，避免了"伐国失国"的祸患。公卢在"反对者死"的禁令前，以邻居追别的女人而失妻的故事来暗示赵简子，使其醒悟过来。

做人要正直，要"内方"，不卑不亢、坚持原则，但不能刻板；处事不要圆滑，但要灵活，既能在"方"的有序下坚守本分，又能在"圆"的无序中得心应手。秦始皇有一天上朝，与大臣中期发生争论。能言善辩的中期获胜后，竟连一句客套话也不说，便大摇大摆地走了。争强好胜的秦始皇感觉失了体面，不禁勃然大怒，想杀掉中期。这时，丞相李斯上前打圆场说："中期这个人是个蛮人，性子倔，幸亏他遇上了您这样豁达宽容的明君。要是先前遇上了夏桀、商纣那样的暴君，肯定要掉脑袋喽！"一番"戴高帽"的话竟然使秦始皇打消了处死中期的念头。

向领导提建议，应有好的方式方法，做到"直而不肆"，掌握分寸，措辞委婉，讲究技巧。由于工作不顺利等原因，有的领导总免不了会像"鱼游于沸鼎之中"，心绪烦乱，发点脾气，或面部表情冰冷木然，或发出深沉的长吟声。这时，部下要善于择机，注意鉴貌辨色，分析其心绪不好的由来，不要在此时轻率进谏、据理力争。当领导轻松愉快时，倾听和接受别人意见的概率会增大，这时可抓住有利时机提建议，首先获得领导的心理认同。提建议时要做到摆事实而不空泛，有分析而不累赘，有条理而不啰唆。刘伯承元帅说过："有百发一中的枪百支，不如有百发百中的枪一支。"向领导提建议，要让人家易于接受，取得好的效果，不必声色俱厉，得理不饶人，不必把你的反对性意见"兵临城下"般地直指上司的观点或方案，也不必"驾起堂吉诃德式的马枪，盲目乱闯"。

与上司意见相左时，不可轻率地、直截了当地说"不"，更不可不着边际、没有逻辑地乱说一气，而要多动脑筋，用点智慧。领导者也是性情中人，也有七情六欲，从个人感情讲，他当然喜欢与自己感情亲近的人。工作遇到困难时，可以与自己的"左膀右臂"交流感情，化解郁闷，排除干扰。爱默生说："交际场上的高手一般不直截了当地说出要说的字眼，而是含蓄地表达其意思。"

某局召开会议，讨论秘书处的李处长给局长写的年度总结报告。秘书小周直截了当地提出了自己的看法，他认为李处长的报告中有多处统计数据不准确，原因在于李处长采用的统计方法不正确，应该加权处理的数据没有加权处理。而李处长认为自己采用的数据都是下属各个单位报上来的统计数据，进行简单的加减就可以，无须进行其他处理。周秘书自恃自己是学统计学专业的，是科班出身，坚持认为李处长的数据处理不当，惹得李处长很不高兴，脸越拉越长，说了一声"大家先休息一下"，就端着茶杯出去了。

趁休息期间，秘书处的老秘书张大姐和蔼地提醒周秘书说："小周，要注意一下提意见的方式，当着这么多人的面，用这么肯定的语气说李处长错了，他会是一种什么感受？即使你的意见是对的，也应该注意说话的方式……"

批评的方式要得当。首先对上司的主张、决策中合理的部分或良好的动机赞美一番，这样先"戴高帽"，有点恭维和鼓励的作用，然后提出批评、建议，易于对方接受。正如莎士比亚所言："希望别人有某种优点，你就赞美那人拥有你希望于他的优点。"

以个人身份往往比以下属身份提出批评的效果要好。与接受下属的批评相比，领导干部更愿意接受朋友的建议。当你以晚辈、朋友的身份去向上级领导提出批评时，真诚的态度往往会打动上级，他会感到你是真心为他好。同时，这样也会营造一个比较轻松的氛围。

间接提出批评往往比直接批评的效果好。不直接针对所议之事，用比喻、暗示、双关语的方式表达批评意见，可以使意思表达得更为婉转，容易让人接受，聪明的领导会明白你的意思，接受你的建议。用委婉的方法，用幽默的方式，引导上司自己修正错误的意见，都是管用的，应当经常运用。

当领导者暂时处在固执己见之际，下属也应用温和而曲折、柔顺而含蓄的话语规劝。寇准是一位治国能臣，但为人轻狂，不注意礼节，得罪了不少人，被贬到陕州。临行前，张咏设宴为他送行。寇准握着张咏的手说："我今日被贬，张公可有什么话对我说吗？"张咏委婉地说："寇公以后如果有时间的话，《霍光传》不可不读啊！"后来寇准取来《霍光传》读之，当读到"不学无术"这句话时，忍不住笑了起来："这是张公在劝我啊！"

先请教，然后肯定对方正确的东西，再指出对方错误之处，晓以利害，提出建议，这也是提建议的有效方法。请教是一种低姿态，表明下属尊重领导的权威，已仔细研究和推敲了领导已有的思路和方案，很可能是作些枝节性或局部性的改动，补充、完善领导的意图，从而消除对你建议的某种误解和反感。

采用请教的方式、商量的口吻、诚意的建议、会意的眼神、轻松的幽默，安排在比较空闲或气氛比较轻松的时候，有利于上一级领导或同级领导认真听取、采纳建议，改进工作。以请教方式聆听领导的想法，可以使你进退自如，及时认同领导好的东西，寻找谈话的共同点，建立彼此相容的心理基础，还可以在请教过程中把自己相形见绌的见解体面地收回来，不至于弄得很尴尬。在请教中谈出自己的看法，在聆听中对相关情况加以剖析，只要有理有据，领导一定会采纳你的建议的。

由于各自所处位置不同，看问题角度不同，因而即便是忠告，也一定要采取不同方法，才能使对方接受。 发现领导的失误、漏洞之处提建议，应讲究技巧。对于非原则性的错误，应含蓄示意，表现出善意和真诚，保持70%的融洽氛围，留下30%的真言相告。指出其错误时，须懂得不要冲撞领导的喜好和忌讳，不让领导感到不如你。

语言简短，语意含蓄，能引起领导深思，又不致引起领导猜忌。在提建议的过程中，不可当众顶撞上司，最好是等众人散去时，以试探的语气提建议，好言相劝，明辨是非。

轻松一刻

宋朝版"人在做，天在看"

包拯在端州（今广东肇庆）当官时，秋毫无犯，万民称颂。离任时为了不惊扰百姓，他决定坐船悄然出行。一个随从知道包拯喜欢端州的石砚，就悄悄带了一块上船，不料起航时天色突变，包拯立即质问下属："你们可曾徇私？"随从回答："小人见您爱石砚，悄悄带了一块上船。"包拯闻言大怒，严令随从立即将石砚送回。神奇的是，随从刚刚下船，江面上顿时月白风清，碧波粼粼。

选自《百家讲坛·传奇故事》2022年第3期